ウィキペディア
Wikipedia
タウン
Town
ハンドブック
Handbook

図書館・自治体・まちおこし関係者必携

青木和人 Aoki Kazuto

文学通信

すごろく
ウィキペディアタウンを開催してみよう！

Contents

すごろく
ウィキペディアタウンを開催してみよう！ 　　002

レッスン
00　はじめに　　008

1　ウィキペディアタウンとは
2　本書の構成

レッスン
01　ウィキペディアタウンとは？　　014

1　改めて確認！ウィキペディアとは
　（1）みんなの手で作られる百科事典
　（2）ウィキペディアの歴史
2　ウィキメディア財団の各プロジェクト
　（1）さまざまなプロジェクト
　（2）考え方とライセンス
　（3）三大方針に基づく改善と引用文献に基づく記述
3　ウィキペディアタウンとは？
　（1）それは、まちあるきワークショップ！
　（2）世界と日本の活動
　（3）継続的な活動に向けて

Column　私たちの活動が始まったきっかけ
　　　　……オープンデータ京都実践会前史　　022
▶ はじまりは 2013 年の勉強会
▶ インターナショナル・オープンデータ・デイ（IODD）2014 に向けて
▶ 大きな励みになったつながり
▶ 参考文献の提供
▶ IODD2014 のその後に

Contents

レッスン
02 京都での取り組みから　　　028

1 京都での継続的なウィキペディアタウン活動
　（1）オープンデータ京都実践会
　（2）京都まちあるきオープンデータソン
2 歴史まちあるき団体、郷土史家との連携
　（1）精華町ウィキペディア・タウン
　（2）Wikipedia Town in 関西館
3 高校生の授業、留学生による英語での発信など
　（1）ウィキペディア・タウン by 南陽高校
　　①事前学習　②いざ実践へ　③教育活動としてのウィキペディアタウンの意義
　（2）留学生と一緒に
4 観光地じゃないほうが面白い　ウィキペディアタウンで観光？

Column　活動を継続させるために　　　043
　▶ 楽しさが原動力
　▶ オープンでボランタリーな精神のあるコミュニティ
　▶ 図書館がイノベーションを起こすために

オープンデータ京都実践会の紹介　　　046

レッスン
03 図書館との連携　　　048

1 地域の公共図書館とどう連携していくか
　（1）参考資料を図書館で利用できるメリット
　（2）図書館員と協力することで得られること
2 市民による地域情報発信拠点の実現のために

04 ウィキペディアタウンに参加する

1 ウィキペディアタウンに参加する方法
2 必要なこと・必要なもの
　（1）ウィキペディアのアカウントの作成・確認
　（2）当日の持ち物について
　　①モバイル PC　②電源 OA タップ　③モバイル Wi-Fi ルーター　④デジタルカメラ、カメラ機能つきスマートフォン　⑤カメラ、スマートフォンと PC とを接続するケーブル　⑥充電バッテリー　⑦バインダー、筆記用具　⑧お昼ごはん
3 ウィキペディアタウン / アーカイブから過去を分析する
　（1）ウィキペディアタウン開催数を分析してみる
　（2）ウィキペディアタウン開催月を分析してみる
　（3）ウィキペディアタウンを主催者別に分析してみる

05 開催コミュニティ紹介

1　オープンデータソリューション発展委員会（横浜）
2　クリエイティブ・シティ・コンソーシアム（二子玉川）
3　オープンデータ京都実践会（京都）
4　ウィキペディア街道「大山道」
5　Code for 山城
6　edit Tango（エディット丹後）
7　諸国・浪漫
8　Code for ふじのくに /Numazu
9　東海ナレッジネット
10　Wikipedia ブンガク実行委員会（神奈川県立図書館、神奈川近代文学館）
11　伊那市立図書館
12　県立長野図書館
13　一般社団法人データクレイドル
14　ARTLOGUE

Contents

レッスン 06 派生版ウィキペディアタウンの取り組み　076

1 Wikipedia ARTS　アートのウィキペディアタウン
  (1) Wikipedia ARTS 京都・PARASOPHIA
  (2) Wikipedia ARTS 京都国立近代美術館 コレクションとキュレーション
  (3) Wikipedia ARTS 弘道館と京都の文人サロン
2 ウィキペディア文化財
  (1) ウィキペディア文化財への期待
  (2) ワークショップの開催
3 女性の情報格差解消を目指すプロジェクト、WikiGap
4 文化のデジタルアーカイブ化
  (1) 「酒ペディア＆酒マップ」（IODD2017 in 京都）
  (2) ウィキメディア・コモンズへの伊丹市酒造り唄のデジタルアーカイブ
　　①酒造り唄とは　②データデジタルアーカイブ　③著作権処理の方法
5 既存のデジタルアーカイブと連携する
  (1) 2020UDC 京都 in NDL 関西館　アイデアソン・ハッカソン
  (2) ジャパンサーチ・タウン vol.1、vol.2
　　①ジャパンサーチ・タウンの様子　②各チームの成果　③ジャパンサーチ・タウンの意義

レッスン 07 ウィキペディアタウン開催ノウハウ　096

1 声のあげ方、依頼の仕方
  (1) まずウィキペディアタウンをやりたいと声に出す
  (2) 公共図書館に協力依頼をしてみる
  (3) 1人でもできる！
2 開催できるフィールドが決定したら
  (1) ベテランウィキペディアンに協力依頼をしよう
  (2) 行政、地域団体、市民との連携
  (3) 対象フィールドがウィキペディアにどれくらい書かれているか

（4）図書館に地域資料がどの程度あるのか
　（5）当日のウィキペディアタウンのスケジュールを考える
　（6）午前中のまちあるきルートを選定する
　（7）訪問する場所への事前連絡
　（8）午後のウィキペディア編集会場を手配する
　（9）イベントを実施する主催者、共催、協力者を確定する
　（10）参加者募集の広報活動
　　①広報、募集Webページを作る　②イベント告知参考例　③募集案内チラシを作る　④チラシをどこに置いてもらうか　⑤ハッシュタグをつけてSNSなどで告知する

3　当日の進行
　（1）当日の運営　午前
　（2）まちあるき
　（3）昼休み休憩
　（4）当日の運営　午後
　（5）ウィキペディア編集開始
　　①ウィキペディア編集記事項目決定（30分程度）　②ウィキペディア編集記事作成（60～90分程度）　③新規記事の基本骨格ページの作成　④新規記事の各項目の同時編集　⑤インフォボックスの作成　⑥写真の挿入
　（6）成果発表
　（7）閉会あいさつ、写真撮影
　（8）アンケート
　（9）17時までに撤収
　（10）ウィキペディアタウン終了！

参考文献　130
あとがき　133

Wikipedia Town

レッスン 00　はじめに

1　ウィキペディアタウンとは

　インターネット百科事典ウィキペディア（Wikipedia）をご存じでしょうか。ウィキペディアは米国の非営利団体ウィキメディア財団が運営するさまざまなプロジェクトの中の一つで、インターネット上で誰でも自由に利用できる無料のオンライン百科事典です。2024年6月8日現在、日本語・英語など世界中に343の言語版があります。最大規模の英語版の記事数は約683万記事、日本語版はその中で13位の約142万項目の記事があります【☞注①】。

　ウィキペディアは単に無料で利用できるだけでなく、誰でも書き込むことができるという話も、よく知られている特徴です。でも、ほとんどの方がウィキペディアを自ら書いた経験はありません。そもそも自分がウィキペディアに書きたいと思うほど、専門的に知っている事柄や興味のある事柄がないかもしれません。

　しかし、誰しも自分たちが住んでいる地域のことはよく知っているはずです。そこで自分たちの地域のことを、地域のみんなでウィキペディアに書いてみよう！というのが、私たちが行っているウィキペディアタウンの取り組みです。

　ウィキペディアタウンは、簡単に言うと、地域に関する項目をウィキペディアに作成して、全世界に発信することを目的とした、フィールドワークと編集作業を組み合わせたワークショップです。

　日本では2013年から始まり、2014年からのオープンデータ京都実践会の活動により、全国の図書館と連携した活動が広がっていきました。現在までに、

図書館、郷土史団体、シビックテック（CivicTech）活動団体、ウィキペディア編集者らが連携する草の根の活動として、各地で開催されています。その結果、ウィキペディアタウン活動は Library of the Year（LoY）2017 においてLoY2017 優秀賞を受賞しました。

　本書は、このウィキペディアタウンの取り組みやその意義を紹介し、図書館や自治体、地域団体やウィキペディアンとの連携方法について説明します。

　全国の図書館員やウィキペディアタウン開催希望者が、ウィキペディアタウンをスムーズに実施できるようになることを目的とした、ウィキペディアタウン開催のためのハンドブックです。

2　本書の構成

　第1章「ウィキペディアタウンとは？」では、ウィキペディアをはじめとしたウィキメディア財団が運営するさまざまな「ウィキメディア・プロジェクト」を紹介します。このプロジェクトには、ウィキペディア以外にも多くのプロジェクトがあります。そして「知ってるようで実はよく知らない」ウィキペディアについて改めて確認します。その上で、ウィキペディアタウンについて説明します。

　次の**コラム「私たちの活動が始まったきっかけ……オープンデータ京都実践会前史」**では、著者のウィキペディアタウン活動について紹介します。

　第2章「京都での取り組みから」では、地域でのウィキペディアタウン活動とその意義に焦点を当てます。京都での事例をあげながら、地域コミュニティと連携する取り組みや、歴史まちあるき団体、郷土史家との協力、高校生や留学生を巻き込んだ英語での情報発信など、地域社会とウィキペディアの双方にとって有益な活動を紹介します。また、観光客が殺到する観光地以外の地域の魅力を引き出すウィキペディアタウンの意義についても説明します。

　次の**コラム「活動を継続させるために」**では、ボランタリーベースの活動を

継続していくヒントをお伝えします。

　第3章「**図書館との連携**」では、図書館との連携について取り上げます。地域の公共図書館との連携方法や、市民による図書館での地域情報発信拠点の実現、地域資料を出典としてデジタル化し、ウィキペディアを通じて紹介するなど、図書館とウィキペディアの協力関係に焦点を当てます。効果的なウィキペディアタウンの開催には、図書館や地域コミュニティとの連携が重要です。

　第4章「**ウィキペディアタウンに参加する**」では、ウィキペディアタウンへの参加方法を紹介します。ウィキペディアタウンに興味を持った方は、まずは参加してみることをおすすめします。また、この章では、過去のウィキペディアタウンアーカイブからのデータ分析を行い、誰がどんな時期にウィキペディアタウンを開催しているのか見ていきます。

　第5章「**開催コミュニティ紹介**」では、全国のウィキペディアタウンを開催している各コミュニティの活動内容を紹介します。また、ウィキペディアタウン開催に協力してくれるウィキペディアンの紹介など、地域情報発信の重要な立役者たちを紹介します。

　第6章「**派生版ウィキペディアタウンの取り組み**」では、まちの情報発信をするウィキペディアタウンだけではなく、アートや文化、文化財、女性の情報格差解消を目指すものを取り上げます。また、最新の実験的取り組みであるジャパンサーチ・タウンについても述べます。いずれもオープンデータ京都実践会、もしくは著者が関わって開催してきたものです。

　第7章「**ウィキペディアタウン開催ノウハウ**」では、実際にどのようにしてウィキペディアタウンを開催したらよいのかについてお話しします。当日のタイムスケジュールや、行政や地域との連携、広報の仕方など具体的に説明します。

　本書は地域の公共図書館の方や、地域活性化をはかりたいと考えている地方自治体、民間事業者の方々、地域活性化活動をされている市民団体の方々のた

めに書きました。ウィキペディアタウンに参加してみたい、自ら開催してみたいと思っている方々にお役に立てれば何よりです。

☞ **注**

① 「Wikipedia: 全言語版の統計」https://ja.wikipedia.org/wiki/Wikipedia: 全言語版の統計［2024年6月8日（土）00:14の版］。

はじめに	レッスン 00
ウィキペディアタウンとは？	レッスン 01
京都での取り組みから	レッスン 02
図書館との連携	レッスン 03
ウィキペディアタウンに参加する	レッスン 04
開催コミュニティ紹介	レッスン 05
派生版ウィキペディアタウンの取り組み	レッスン 06
ウィキペディアタウン開催ノウハウ	レッスン 07

Wikipedia Town Handbook

Wikipedia Town

レッスン 01　ウィキペディアタウンとは？

1　改めて確認！ウィキペディアとは

（1）みんなの手で作られる百科事典

　ウィキペディアはインターネット検索結果で上位に表示されることから、ご覧になられたことのある方も多いでしょう。「なんだかよくわからないが、一応それらしいことが書いてあり、無料で利用できる、ちょっと便利なサイト」という認識の方も多いかもしれません。

　ウィキペディアは米国の非営利組織であるウィキメディア財団（WikimediaFoundation）が運営する、誰でも自由に閲覧・執筆できるインターネット上のフリー百科事典です。記事内容の中立性を保つため、広告は掲載せず、企業や個人からの寄付金で運営しています。財団は、寄付金をサーバー運営費や財団運営の従業員費用に充てていますが、ウィキペディアの各言語版記事の執筆者や管理者は、世界中の無償ボランティアです。すなわち、みんなの手で作られているのです。

　実はウィキペディアはインターネットを通じて、多くの人たちが知恵を結集し記述することで、人類の集合知を可能にしようとする壮大なプロジェクトとも言えるものなのです。

ウィキペディアロゴ
出　典：by Wikimedia Foundation (CC BY-SA 3.0) https://commons.wikimedia.org/wiki/File:Wikipedia-logo-v2-ja.svg?uselang=ja

(2) ウィキペディアの歴史

　ウィキペディアという名称は、ウェブブラウザを用いて不特定多数のユーザーがコンテンツ編集可能な"MediaWiki"システムを利用した百科事典"Encyclopedia"ということで作られた造語です。

　ウィキペディアは、2001年1月15日に英語版がスタートし、同年5月20日には日本語版ウィキペディアが開始されました。当初の日本語版は、ローマ字（英字）しか表示できませんでしたが、2002年9月1日に日本語の文字（かな・漢字など）が利用可能になりました。日本語版ウィキペディアの記事項目は、2005年2月11日に10万項目、2016年1月19日に100万項目を達成し、開始から20年を超えた2021年11月12日には、130万項目の記事を達成しています。130万記事達成時の総ページ数は3,828,997ページ、ウィキペディア利用者は1,857,451人でした【☞**注①**】。

2　ウィキメディア財団の各プロジェクト

(1) さまざまなプロジェクト

　ウィキペディアは、ウィキメディア財団が行うさまざまな「ウィキメディア・プロジェクト」【**図1**】の一つとしての百科事典プロジェクトです。同プロジェクトには、ウィキペディア以外にも、辞書・シソーラスを作るウィクショナリーや、教育用テキスト・学習用素材を作るウィキブックス、ニュースを提供するウィキニュースなど、多くのプロジェクトが運営されています【☞**注②**】。各プロジェクト間は連携され、相互に利活用できます。

　例えば、ウィキペディア記事の中に掲載された画像などは、ライセンスによって利用方法が定められた画像、音声ファイル、ビデオなどのメディアファイルを収集するプロジェクトである「ウィキメディア・コモンズ」にアップロードされています。それらのリンクをウィキペディア内に記述することで、ウィキペディア内に画像表示しています。

ロゴ	名称	解説
	ウィキペディア	百科事典
	ウィクショナリー	辞書・シソーラス
	ウィキブックス	教育用テキスト・学習用素材
	ウィキニュース	ニュースの提供
	ウィキクォート	引用句集
	ウィキソース	著作権フリーな文書の収集・翻訳
	ウィキバーシティ	教育・研究用素材
	ウィキボヤージュ	旅行ガイド
	ウィキメディア・コモンズ	メディアファイルの収集庫
	ウィキメディア・インキュベーター	新規言語版プロジェクトの試験・開発
	メタウィキメディア	ウィキメディア・プロジェクトに関する議論の場
	ウィキスピーシーズ	生物分類目録
	ウィキデータ	知識データベース
	ウィキマニア	ウィキメディア財団が提供するウィキメディア運動に参加する人たちの年次会議

[図1] さまざまな「ウィキメディア・プロジェクト」
アイコン出典：by Wikimedia Foundation（CC BY-SA 3.0）

（2）考え方とライセンス

　あまり知られていませんが、ウィキペディアの情報は GFDL（グニュー・フリー・ドキュメンテーション・ライセンス）と CC-BY-SA 4.0 ライセンス（クリエイティブ・コモンズ 表示 - 継承 4.0 国際ライセンス）のデュアルライセンスを導入しています【☞注③】。各人がウィキペディアの記事編集を終え、保存する際には、このライセンス条件に同意することとし、編集者一人一人の許

諾を得た上で公開されています。

　そのため、ウィキペディアの内容は、上記のライセンスや著作権法に従い、出典を明記することで二次利用できるオープンデータとなっています。それは、ウィキペディアタウンの観点から見ると、ウィキペディアで編集した地域情報が、オープンデータとして再利用されることで、地域情報がより伝搬していく可能性を示しています。なお、二次利用のルールや出典の記載方法は、ウィキペディアの「Wikipedia: ウィキペディアを二次利用する」「Wikipedia: ウィキペディアを引用する」を確認してください【☞注④】。ウィキペディアの項目を印刷すると自動的に末尾に記載される内容がこれに相当します。

（3）三大方針に基づく改善と引用文献に基づく記述

　ウィキペディアは、多くの人に利用され、誰でも編集できることから、その信頼性が批判されることも多く、高等教育などにおいて、先生からウィキペディアは信頼できないものであると教えられることもあります。

　ただし、近年は、ウィキペディアの内容に関する三大方針「検証可能性」「中立的な観点」「独自研究は載せない」に基づく改善が進められています。その結果、メディアの信用度調査では、社会におけるウィキペディアの信用度は新聞、ラジオに次いで3位となり、テレビや雑誌を上回るなど、一定の信用が置かれるようにもなっています【☞注⑤】。

　また、ウィキペディアの編集には基本原則「5本の柱」という以下の方針が示されています【☞注⑥】。

- ●ウィキペディアは百科事典です
- ●ウィキペディアは中立的な観点に基づきます
- ●ウィキペディアの利用はフリーで、誰でも編集が可能です
- ●ウィキペディアには行動規範があります
- ●ウィキペディアには、確固としたルールはありません

ウィキペディアは百科事典なので、独自研究など個人の主観による記述はNGです。そのため他人が書いた論文や書籍、新聞記事などの資料をもとに、書くことが必要です。その編集内容は、ウィキペディアを利用する私たち全員が常にチェックすることになります。執筆方針に基づかない内容は、気がついたウィキペディアンにより引用文献の追記依頼などが行われ、ウィキペディア上のコミュニティにて議論されます。そして引用文献の追記依頼などが行われた上で、従わない場合には、議論の上、最終的に記事が削除されることもあります。

　資料文章の丸写しも、原資料の著述者の著作権侵害となるため禁止です。資料を読み込み、資料の内容を抜き出して、自分なりに端的にまとめてウィキペディアに編集する必要があります。そして、その内容がどの資料に基づくのかを明確にするため、資料の出典を明記します。出典明記により、ウィキペディアの記事内容が、誰がいつ、どの資料に書いている内容に基づいているのかが明確になります。これが「検証可能性」【☞注⑦】の担保です。この検証可能性を担保したウィキペディア編集により、記事内容への疑義や興味が湧けば、読者が原資料を直接、閲覧・確認することが可能になります。ウィキペディアにこのような文章を増やしていくことで、ウィキペディアは社会からより信頼されるものになっていくはずです。

イラスト：Kasuga_enwikiさんの作品（CC BY-SA 4.0）
出典：https://ja.m.wikipedia.org/wiki/%E3%83%95%E3%82%A1%E3%82%A4%E3%83%AB:Wikipe-tan_coaching.png

3 ウィキペディアタウンとは？

(1) それは、まちあるきワークショップ！

　誰でも書けるものだと言っても、ほとんどの方がウィキペディアを自ら書いた経験はありません。そもそもどのように書けばよいのかわからないし、書き方を教えてくれる人もいないですから、書きようがないですよね。中途半端に書くとネット上で炎上するのでは？とか、編集合戦になるのでは？と思う方も多いでしょう。ウィキペディアタウンの取り組みでは、地域住民にウィキペディアの書き方をお伝えした上で、地域を歩いて調べ、自分たち自身でウィキペディアに地域のことを記述して、全世界に情報発信をします。つまり、ウィキペディアタウンとは、「フィールドワーク」と「ウィキペディア編集作業」を組み合わせたまちあるきワークショップなのです [図2]。

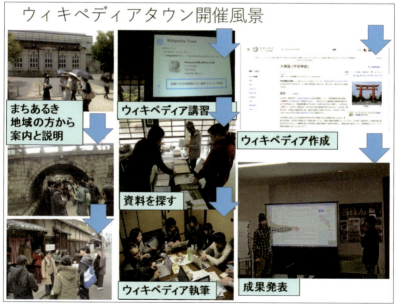

[図2] まちあるきワークショップ

右上出典：「大鳥居（平安神宮）」https://ja.wikipedia.org/wiki/大鳥居_(平安神宮) [2023年10月22日（日）20:32の版]、写真：著者撮影

（2）世界と日本の活動

　世界初のウィキペディアタウンは、2012年にイギリス・ウェールズ州の人口9,000人のモンマスという町で行われました。このウィキペディアタウンでは、町の文化財や観光名所などのウィキペディアページを作成して、その建造物や展示物に、ウィキペディアページへのアクセスができるQRコードを付けるという取り組みで、行政主導の事業的性格の強いものでした【☞注⑧】。

　日本でのウィキペディアタウンは、2013年から始まりました。日本初のウィキペディアタウンは、2013年2月23日に横浜市で、横浜オープンデータソリューション発展委員会により横浜市中央図書館にて行われました。2回目の開催となる5月25日は、同じ横浜市中央図書館で一般社団法人SoLaBoによって開催されました。横浜では全5回のウィキペディアタウンが行われましたが、残念ながら継続的な活動には至りませんでした。

（3）継続的な活動に向けて

　著者が所属する、京都市を中心に活動するオープンデータ京都実践会や京都府南部地域を中心に活動するCode for 山城では、この取り組みを市民主体の地域情報発信イベント＝日本版ウィキペディアタウンにリニューアルして、市民団体のボランタリーな活動として、2014年2月から継続的に行っています。私たちの継続的活動から、全国の図書館と連携した活動が広がっていくことになりました。現在までに、図書館、郷土史団体、シビックテック活動団体、ウィキペディア編集者らが連携する草の根の活動として各地でウィキペディアタウンが開催されています。

　そこでは市民が主体となり、地域の公共図書館、地域の歴史まちづくり団体、行政を連携させ、まちあるきを組み合わせて公共図書館を会場とした継続的なウィキペディアタウン活動を実施しています。当初はウィキペディアタウンのコンセプトが知られていないことから、公共図書館と連携して行うことは難しいものでしたが、2014年8月30日の私たちの第4回の開催（オープンデー

タ京都実践会としては3回目）から、公共図書館と連携し、主に京都府立図書館を会場として、「地域の情報発信拠点としての公共図書館の役割」も市民協働により実践しています。

☞ 注

① 「Wikipedia:発表/130万項目達成」https://ja.wikipedia.org/w/index.php?oldid=86718014 ［2022年1月30日（日）07:55の版］。
② 「Wikipedia: ウィキメディア・プロジェクト」https://ja.wikipedia.org/wiki/Wikipedia: ウィキメディア・プロジェクト ［2024年4月4日（木）09:11の版］。
③ 「Wikipedia: 著作権」https://ja.wikipedia.org/wiki/Wikipedia: 著作権 ［2024年4月28日（日）09:52の版］。
④ 「Wikipedia: ウィキペディアを二次利用する」https://ja.wikipedia.org/wiki/Wikipedia: ウィキペディアを二次利用する ［2023年11月12日(日)05:58の版］、「Wikipedia: ウィキペディアを引用する」https://ja.wikipedia.org/wiki/Wikipedia: ウィキペディアを引用する ［2023年6月24日(土)23:45の版］。
⑤ 「気になる「Wikipedia」信用度、新聞・ラジオに次ぎ3位 - 情報メディア調査」（TECH+（テックプラス））［2009年3月17日］https://news.mynavi.jp/techplus/article/20090317-a021/ （参照：2024年8月7日）。
⑥ 「Wikipedia: 五本の柱」https://ja.wikipedia.org/wiki/Wikipedia: 五本の柱 ［2024年8月9日（金）01:27の版］。
⑦ 「Wikipedia: 検証可能性」https://ja.wikipedia.org/wiki/Wikipedia: 検証可能性 ［2023年12月31日（日）07:24の版］。
⑧ 「ウィキペディアタウン」https://ja.wikipedia.org/wiki/ ウィキペディアタウン ［2024年3月24日（日）07:26の版］。

column

私たちの活動が始まったきっかけ
……オープンデータ京都実践会前史

▶ **はじまりは 2013 年の勉強会**

　第 1 章でオープンデータ京都実践会のことに少しふれました。第 2 章以降も出てくるので、私たちの活動が始まったいきさつを紹介しておきます。

　そのきっかけとなる人物と最初に出会ったのは、2013 年 4 月 20 日（土）と 2013 年 6 月 20 日（木）に京都の KRP 町家スタジオで行われたオープンデータ京都勉強会でした。

第一回「オープンデータ京都勉強会」
https://www.facebook.com/events/168344006654559/
第二回「オープンデータ京都勉強会」
https://www.facebook.com/events/124171601122749/

　オープンデータ京都勉強会は Linked Open Data（LOD）Initiative の高橋徹さんが主催され、岡本真（アカデミック・リソース・ガイド）さんや大向一輝（東京大学）さん、加藤文彦（慶應義塾大学）さんが講師として招かれました。勉強会では、オープンデータ、オープンガバメントの話や京都発オープンデータの可能性を考えるワークショップなどがありました。

　当時、行政が公開するオープンデータが話題になり始めていた頃で、京都でオープンデータに関するイベントは初開催でした。私は IT エンジニアや行政 IT 担当者などが集まって、いよいよ京都でも行政オープンデータの取り組みが始まるのかと思い、参加したのでした。当時、私は図書館員でありながらオー

column

プンデータ勉強会という場に図書館関係の人が来るとは思ってもいませんでした。そのため、最初の参加時の印象は、「どうして図書館や資料館の人がここに来てるの？」でした。この勉強会にはそれほど図書館や資料館の方がたくさん参加されていたのです。是住久美子さん（元・京都府立図書館、現・田原市中央図書館）、福島幸宏さん（元・京都府立総合資料館、現・慶應義塾大学）、榎真治さん（LibbreOffice コミュニティ）にお会いし、京都らしいオープンデータ活動をしよう！ということで、定期的なオープンデータ勉強会を開始することになりました。

　当初は行政が公開するオープンデータや LOD についての勉強をしていました。しかし、その頃は京都の行政はオープンデータはまだ時期尚早という雰囲気でしたので、行政にオープンデータを出すように訴えるよりは、むしろ市民でオープンデータを作るような活動をしようという話になりました。

▶ **インターナショナル・オープンデータ・デイ（IODD）2014 に向けて**

　定期的な勉強会を進めていく中で、次年 3 月のインターナショナル・オープンデータ・デイ（IODD）2014 に何かしようという話になり、高橋さんや是住さんから、2013 年 2 月 23 日の IODD に横浜市中央図書館で行われた日本初のウィキペディアタウンを京都でやってみないかというお話がありました。

　当時、私は図書館長をしていましたが、その話を聞いた時、反射的に自分のいる図書館でウィキペディアタウンを開催するなんて、まず無理だろうと思いました。先進的な横浜市ならできるかもしれないけど、図書館でイベントと言えば、おはなし会かクリスマス会しか、やったことがない図書館で、ウィキペディアタウンなんて、見たことも聞いたこともないものをしようと言い出したら、職場に理解してもらうのは難しく、白い目で見られることは確実だと思いました。当時、私は図書館長でありながら、いや、図書館長であるがゆえにウィキペディアタウン否定派だったのです。

column

　私はもともと地方自治体で地理情報システム（GIS）を熱心にやっていたこともあり、公務員をやりながらオープンソースソフトウェア（OSS）のGIS活動をしているOSGeo（The Open Source Geospatial）の運営委員やOpenStreetMap（OSM）活動をしていました。関西のOSM「マッピングパーティー」に参加して、OSMマッパー（OSMで地図を書く人のことをこのように呼称します）さんとのつながりもありました。そのため、私自身はウィキペディアタウンよりは、まちあるきしながら、オープンデータの地図情報を作るOSMマッピングパーティーを京都で開催したいと考えていました。

　そんな時に2013年6月22日東京・世田谷区で、「二子玉川をウィキペディアタウンにしよう」イベントが行われたという情報を耳にしました。このイベントでは、「WikipediaとOSMをツナグ」として、ウィキペディアタウン＆OSMマッピングパーティーを同時開催して、ウィキペディアとOSM相互のデータリンクを貼るという連携したオープンデータ作成が行われたというのです。この話を聞いた時に両方やるならやってみたい、と思いました。ですが、さすがにこの当時に、私が所属する図書館や京都府立図書館でウィキペディアタウンを開催することは時期尚早でした。

　「オープンデータ京都実践会」という名前は、IODD2014開催にあたって主催グループに名前が必要ということになり、「オープンデータ京都勉強会」をもじって高橋さんが提案してくれました。シビックテック（Civic Tech）活動を行う団体であるCode for X（ブリゲード）[https://www.code4japan.org/brigade/]のようなものにしようかという議論をしたこともありますが、私たちの活動は、コード（プログラム）を作るのではなく、オープンなデータを作るのだということで現在の名称となりました。

　OpenGLAM[Gallery、Library、Archive、Museum]系の図書館、資料館系の人たちが主要メンバーとして活動しているところが、オープンデータ京都実践会とCode for Xの違いであるようにも思います。このことは図書館、資料館系の方々が外へ出て活動しているコミュニティが少ないことを示してお

column

り、これらの方々とつながることの困難さを示しているのかもしれません。

▶ **大きな励みになったつながり**

　最初のIODD2014の時、私はOSMマッパーさんとつながりがあったので、関西の主要なOSMマッパーさんに集まってもらってマッピングパーティーをしました。その後、私たちのOSM活動では、山下康成さんや諸国・浪漫（p71参照）の坂ノ下勝幸さんに中心的に活動いただいていました。一方、ウィキペディアタウンの方は、当時、ウィキペディアを編集した経験のある人が、私を含めてメンバーに誰もいませんでした。そのため、IODD2014の前に事前に大阪で練習会をしました。その時に私たちが初めて作成したウィキペディアページが、「北向地蔵(大阪市)」です。そして、IODD2014当日、ウィキペディアン（ウィキペディアを編集・執筆する人のことをこのように呼称します）のMiya.mさんが来てくださったことも、大きな出会いでした。ウィキペディア編集は一般的には、ウィキペディアで変なことを書くとインターネットコミュニティで激しく非難される、いわゆる炎上になるのではないかという恐れがあって、なかなか敷居が高いものです。Miya.mさんは、細かな書式や作法を気にしてウィキペディアを書かないよりも、ウィキペディア三大方針（「検証可能性」「中立的な観点」「独自研究は載せない」）を守ってくれれば、大いに書いていいんですよ！と教えてくださいました。それはウィキペディア編集初心者の私たちにとって大きな励みになりました。その後、私たちの活動でウィキペディア講師をずっと務めていただいていることもウィキペディアタウンを続けてこられた一つ目の大きな要因です。

▶ **参考文献の提供**

　そして、もう一つの大きな要因は、ウィキペディアを記述する時に必ず必要となる参考文献の提供を京都府立図書館の是住久美子さんが熱心にしてくださったことです。是住さんが記述テーマに関するレファレンスを事前に行って、

column

参考文献を用意していただいたことも大きな手助けになりました。まだ図書館を会場にして開催できない頃、会場まで参考文献をキャリーバッグいっぱいに詰め込んで持ってきていただいたことで、ウィキペディアタウンを開催できたことが何度もあります。また、2014年8月30日以来、京都府立図書館内でウィキペディアタウンを開催できることになったのは、是住さんがウィキペディアタウンの意義を図書館組織に説明・説得してくださったためです。それは図書館長でありながら、私にはできなかったことであり、活動にとって大きな前進でした。

最初のIODD2014の時、私たち自身がイベント主催に慣れてない上に、なにせ初めてウィキペディアタウン＆OSMマッピングパーティーをしたということで、まちあるき時間がすごく延長して、肝心の編集時間がほとんどないなどのダメダメのスケジューリングでした。やり方も手探りで開催する中で、「ほんまにできるんやろか？」「この後、一体どうなるんやろ？」というドキドキ感の中で無我夢中で開催していたことを懐かしく思い出します。

▶ IODD2014のその後に

IODD2014の後、「すごく楽しかったので、IODD以外でもやろうよ！」とみんなが集まってくれて、2014年7月～12月までに京都オープンデータソン2014をvol.1～4まで、4回も開催できたことで、単に1年に一度IODDのための活動団体というよりも、地域に根ざした活動となったように思います。また、私たちの活動は、OSMマッピングパーティーを同時開催することで、ウィキペディアの記述とOSMの地図との相互リンクを可能にしていることや、地図系コミュニティの方も巻き込んで、時にはOSM編集を、時にはウィキペディア編集をするというように、相互の交流をはかれていることにも継続の理由があると考えています。

素敵な実践会のメンバーとの出会いがあり、みんなでワイワイやってこられたから、仕事でもなんでもないのに、完全にボランタリーで、ここまで楽しん

column

でやってこられたのだと思います。ボランタリーだからこそ、IODD2017、2018では酒ペディア＆酒マップなんてことも楽しんでいます。また、最近は私たちの活動を知っていただいて、いろんなところからお声がけいただき、和歌山県橋本市や岡山県津山市、鳥取県鳥取市など、いろんなところに市民参加型オープンデータ活動をみんなで伝えに行っています。さらに、最近は公共図書館自体がウィキペディアタウンを主催することも増えてきました。その中ではトップダウンによる開催だけでなく、図書館の現場職員がその熱意で組織を説得して、ボトムアップでウィキペディアタウンを開催した東京都東久留米市、大阪府堺市、大阪府大阪市などの事例も起こりつつあります。図書館員さんがワクワクする気持ちで、新しい仕事に挑戦するきっかけとして、ウィキペディアタウンが始まっているとすれば、とてもうれしいことです。私にはできなかったことを今、全国各地の図書館員さんが実現しておられることを眩しく見つめています。

Wikipedia Town

レッスン 02　京都での取り組みから

　この章では地域でのさまざまなウィキペディアタウン活動とその意義を見ていきます。

1　京都での継続的なウィキペディアタウン活動

（1）オープンデータ京都実践会　[https://opendatakyoto.wordpress.com/]

　まず第1章のコラムでもふれたオープンデータ京都実践会の取り組みのおさらいです。オープンデータ京都実践会が初めて開催したウィキペディアタウンが、「インターナショナルオープンデータデイ 2014 in 京都」でした。

　インターナショナル・オープンデータ・デイ（IODD）とは誰もが自由に使うことができる「オープンデータ」を作ったり、使ったり、考えたりするイベントを世界中の都市で同日開催するお祭りの日のことです。

　私たちのウィキペディアタウンは第1回目から「オープンデータソン」という名称で、ウィキペディアタウン＆ OpenStreetMap（OSM）マッピングパーティーを同時開催するというスタイルで続けてきました。これは行政が公開するオープンデータだけでなく、市民参加型のオープンデータを進めるために、ウィキペディアや OSM をまちあるきと組み合わせて地域情報をオープンデータ化する市民参加型オープンデータ作成イベントです。

　現在までに、オープンデータソンやウィキペディアタウンを 23 回主催し、他地域への協力を 29 回行いました。ウィキペディアに関する記述では、主催で新規 43 項目、加筆 51 項目、協力で新規 54 項目、加筆 39 項目を編集しています。

（2）京都まちあるきオープンデータソン

　市民参加型オープンデータソンは、2014年から京都市地域にて2ヶ月に1回の頻度で継続的に開催し、約1年で全8回開催されました【図1】。特に第4回の開催から、京都府立図書館を会場として行うことが可能となり、市民が主体となって地域の情報を発信する拠点としての公共図書館の役割を実践しています。この継続的な活動により、その後、公共図書館と連携したオープンデータ作成イベントが全国各地で行われるようになってきています【☞注①】。

　また、第7回までは地域の歴史・文化情報の発信を行うウィキペディアタウンを行ってきましたが、第8回では新たな試みとして、MLA（Museum, Library, Archives）連携の観点から地域の美術館の情報発信をウィキペディアにて市民参加型で行う日本初のウィキペディアARTS「PARASOPHIA：京都国際現代芸術祭2015」も開催しました（第6章参照）。

[図1] 京都まちあるきオープンデータ作成イベント概略

右上出典：「堀川団地」https://ja.wikipedia.org/wiki/堀川団地 [2024年3月17日(日)00:11の版]、右下出典：©OpenStreetMap contributors / CC BY-SA 2.0、写真：著者撮影

2 歴史まちあるき団体、郷土史家との連携

(1) 精華町ウィキペディア・タウン

　活動初期は有名な観光地である京都市内でウィキペディアタウンをしていましたが、2015年3月に京都府南部での活動をするCode for 山城として観光地ではない地域の精華町を舞台にしたウィキペディアタウンを開催しました。京都府精華町は京都府と奈良県の境に位置する関西文化学術研究都市の一角にあるまちです。この時は地域の歴史まちあるき活動をしている「精華ふるさと案内人の会」の協力を得たこともあり、地域の高齢者の方に多く参加いただき、これまでと違い年配の方が多いウィキペディアタウンでした【☞注②】。

　当日は、精華町地域福祉センター「かしのき苑」でウィキペディア執筆作業を行いました。高齢者の方々のパソコン操作が心配でしたが、精華地域ITサポーターさんが協力してくれました。その結果、「来迎寺（京都府精華町）」、「稲植神社」のウィキペディアの新しいページ作成【図2】や、「いごもり祭り」の祭当日に参加者さんが撮影していた写真を持ってきてくれたため、ウィキメディア・コモンズに写真を追加してもらいました。その後、「いごもり祭り」のウィキペディアページが作成された際には、本写真が使われています【図3】。このような年に一度しかない祭の写真追加は地域の方の協力あってこそです。このウィキペディアタウンでは、地域の市民団体と密接に協力しあいながら開

まちあるきの様子（著者撮影）

左・パソコン操作の様子／右・お千代の墓（著者撮影）

［図2］「来迎寺（京都府精華町）」の作成
出典：https://ja.wikipedia.org/wiki/来迎寺_(京都府精華町)［2022年10月11日（火）10:51の版］

［図3］ウィキメディア・コモンズにアップロードした写真が使われている
「いごもり祭」のウィキペディア
出典：https://ja.wikipedia.org/wiki/いごもり祭［2023年10月3日（火）14:30の版］

レッスン 02 京都での取り組みから

31

催できました。

　また、京都市でのウィキペディアタウンでは、主要な寺社仏閣などがすでにウィキペディア記述されているため、記述のない寺社仏閣を探す必要がありました。しかし、精華町においては地域の誰もが知っている寺社仏閣が、ウィキペディアには全く記述されていなかったため、多くの新規項目を作成することができました。

> 第1回精華町ウィキペディア・タウン成果
> ■新規項目
> 来迎寺（京都府精華町）（近松門左衛門の心中物「心中宵庚申」の主人公、お千代と半兵衛の墓がある）、稲植神社、いずもり、嶽山（京都府）、東畑神社
> ■加筆項目
> 祝園神社（いごもり祭が行われる神社）
> ■ウィキメディア・コモンズへの写真追加
> いごもり祭（祭3日間は氏子たちが音を立てない生活をまもる京都府無形文化財の奇祭）

(2) Wikipedia Town in 関西館

　この「精華町ウィキペディア・タウン」の取り組みをきっかけに、Code for 山城 [https://ujigis.wordpress.com/] では、精華町に立地する国立国会図書館関西館（以下、関西館とする）の協力を得て、「Wikipedia Town in 関西館」を2015年7月3日に行いました。国立国会図書館でウィキペディアタウンを行えるようになったのです。

　これは国立国会図書館においてウィキペディアタウンを行うという日本初の試みで、関西館としても外部団体と協力して行った、初めての利用ガイダンス講習でした。当日は精華町や和束町などの地域活動関係者、近畿圏の図書館や博物館の行政関係者など37名が集まり、地域活動や行政関係者自らの手で

「Wikipedia Town in 関西館」の実施風景（著者撮影）

ウィキペディアを記述・発信する体験をしてもらいました。

　「Wikipedia Town in 関西館」の目的は、大きく次の3点です。

1. 地域活動に関わる人々、自らの手で地域の文化情報をウィキペディアに記述し、市民参加型オープンデータとして地域のデジタルアーカイブ情報をインターネットを通じて発信してもらう。
2. ウィキペディアは文献に基づいた検証可能な情報を記述していく必要があるが、そのための参考文献の調べ方を関西館の職員に説明してもらい、関西館の豊富な資料を活用してウィキペディアを記述する。
3. ベテランウィキペディア編集者の方に直接、ウィキペディアの書き方を指導してもらう。

　当日、午前中はウィキペディアタウンによる地域情報の発信の意義についての説明の後、各地域でコミュニティ活動をしている精華ふるさと案内人の会、山城郷土資料館、伊丹市立図書館、お茶の生産者が先生となりお茶文化が学べる地域大学の「お茶の大学」の関係者などから、それぞれの地域活動を紹介してもらいました。その後、関西館の職員の方より、館の説明やウィキペディア記述作業のための資料の探し方を説明いただきました。その中では、ウィキペディアと文献資料の関係について「ウィキペディアはより信頼できる文献資料

への入り口である」とも語られていました。

　午後は、ベテランのウィキペディア編集者の方から、ウィキペディアの概要と記述の注意点について説明を受け、各参加者による各地域のウィキペディアの記述作業を開始しました。

　記述作業では、具体的な文献資料の検索方法、資料に基づいた記述方法について直接レクチャーしました。その結果、わずか2時間30分の作業時間でしたが、参加者各自が各地域のウィキペディアを作成をすることができました。最後に各参加者さんから、それぞれの作成成果を発表してもらい、「Wikipedia Town in 関西館」は終了しました【☞注③】。以下に当日のプログラムを掲出します。

「Wikipedia Town in 関西館」
開催日時　2015年7月3日　10:00 − 17:00
会場　国会図書館関西館
主催　Code for 山城　(平成27年度京都府地域力再生プロジェクト支援事業)
協力　国会図書館関西館
参加費：無料
【プログラム】
【午前の部・全体会その1】
10:00〜10:10　開会
10:10〜10:30　Wikipedia Townって？(講師：Code for 山城・青木和人)
10:30〜11:30　参加者の活動紹介
11:30〜12:30　関西館の活用方法について (講師：国立国会図書館)
【休憩】
12:30〜13:30　ランチタイム交流会
【午後の部・全体会その2】

13:30～14:00　Wikipediaを学ぶ（講師：Miya.m）
【午後の部・実践】
14:00～16:30　Wikipediaを書いてみる
【午後の部・全体会その3】
16:30～17:00　成果発表

以下がこの時の成果です。

Wikipedia作成成果　[☞注④]
■新規項目
常念寺（精華町）、いごもり祭、相楽木綿、京都市立安朱小学校　（以上京都府関連）
伊丹公論、鳴く虫と郷町　（以上伊丹市関連、　蛙股池　奈良県関連）
■加筆項目
京都府の和束町産業と写真などを加筆、（菊池大麓著書のうち教科書2冊について国立国会図書館のデジタルコレクションへのリンクを行う）
■イベント参加者が帰宅後に新規項目執筆
榁神社　（奈良県関連）

3　高校生の授業、留学生による英語での発信など

（1）ウィキペディア・タウン by 南陽高校

　これらの活動が地域に知られるようになり、高校からの依頼で、次に地域の高校生を対象としたウィキペディアタウンも行いました。それは、関西館の近隣にある京都府立南陽高等学校サイエンスリサーチ科1年生の平成28年度サイエンス夏季プログラム社会実習として実施した「ウィキペディア・タウン by 南陽高校」です。

実習ではCode for 山城、国立国会図書館関西館、精華ふるさと案内人の会が協力し、高校生に地域のまちあるきで知った情報を関西館の資料を調べて確認した上で、出典を示した文章をウィキペディアに編集して、地域の情報を発信してもらいました。これは、高等教育にウィキペディアタウンを活用するという日本初の試みで、関西館としても高等教育に協力するという新しい試みでした。

　実習は2016年7月9日、7月28日の2日間、南陽高等学校のサイエンスリサーチ科1年生計20名に対して行われました。実習の目的は以下です。
・地域のまちあるきを通して、学校周辺の地域理解を深める。
・文献検索の方法を学び、自ら文章を構成する練習を通して、研究に必要な方法を知る。
・ウィキペディアを利用することの意義を理解し、それを使ってまちの魅力を発信する。

①事前学習

　事前実習は7月9日（土）9:00～13:00に関西館において行いました。
　最初に関西館の方による資料の調べ方のレクチャー、次にCode for 山城によるウィキペディアの説明やウィキペディア編集のレクチャーを行いました。そこでは誰もが編集できるウィキペディアのメリットとデメリットが説明され、最後にウィキペディアの記事内容の信用度を判断するのは自分自身であること、そのためにウィキペディア編集の際に図書館などの文献資料を確認し、出典を明記した上で、他人が検証できる情報を発信していくことの重要性が説明されました。
　その後、実習として高校生たちがよ

事前実習の様子（著者撮影）

く知っている南陽高校のウィキペディアページ編集が行われました。編集では南陽高校30年史や学校発行のパンフレット、関西館の新聞記事検索を利用して、グループで実際に南陽高校ページの概要、沿革、放送局の部活動などについて加筆を行いました。

事前実習の様子（著者撮影）

　最後に本実習に向けて精華ふるさと案内人の会より、次回のまちあるきルートの説明があり、本実習の編集テーマとなる地域の決定と事前の資料検索、関西館への資料の複写・出力依頼リストの作成を行いました。

②いざ実践へ

　本実習は、7月28日（木）8:30～17:00に行いました。午前中に、南陽高校～関西館の間にある、精華町の古くからの集落、乾谷地区・柘榴地区を精華町ふるさと案内人の会によるガイドでまちあるきを行いました。

　午後は関西館にて、Code for 山城によるウィキペディア編集のレクチャーを

［図4］作成した「乾谷」のページ
出典：https://ja.wikipedia.org/wiki/乾谷
［2023年11月12日（日）15:49の版］

再度行った上で、館が所蔵する『精華町史』や『京都の地名由来辞典』などの文献資料を読み込み、資料の出典を示しながら、ウィキペディアの新規ページを編集してもらい、データのアップロードを行いました。

　最後に各グループから編集成果を発表してもらい、「ウィキペディア・タウン　by 南陽高校」は終了しました。本取り組みで作成または編集された記事項目は以下の通りです。

■新規項目　乾谷、柘榴（精華町）
■加筆項目　京都府立南陽高等学校（概要、沿革、放送局の部活動などについて加筆）

③教育活動としてのウィキペディアタウンの意義

　本取り組みでは、高等教育におけるウィキペディアの位置づけを見直し、関西館の資料を活用して検証可能性のあるウィキペディア記述を高等教育において実現した点が重要でした。

　何よりも高校生たちが編集内容をアップロードして、ウィキペディア上に自分たちで作った記事が掲載された時に「自分たちでウィキペディアのページができた！」と目を輝かせていたことが印象的でした。

　関西館のある関西文化学術研究都市周辺は、古くからの集落と新興住宅地の人々との交流が課題となっています。今回のまちあるきでは学校の近くに、こんな昔からの集落があることを知らなかったという高校生がほとんどでした。今回は地域をガイドする精華町ふるさと案内人の会の協力により、高校生が地域をまちあるきで知り、ITによる地域情報発信を進めるCode for 山城のレクチャーで、関西館の資料をもとに地域情報をウィキペディアで発信したことに意味がありました。そして、ふるさと案内人の会の方からは「高校生と歩けて楽しかった」との感想をもらいました。

　南陽高校の事例では、ウィキペディアタウンが、地域の古い世代から若い世代への地域の歴史、文化が伝承されるコミュニケーションのきっかけになった点も意義深いと考えています。そして、地域のことを理解した上で、ウィキペディアを執筆して、多くの方々に伝えてもらうことを若い世代に担ってもらいました。若い世代が地域の歴史と文化を理解し、自分たちで情報発信をすることで、地域への愛着が湧き、地域を誇りに思うシビックプライドが醸成されたと考えます[図5]。

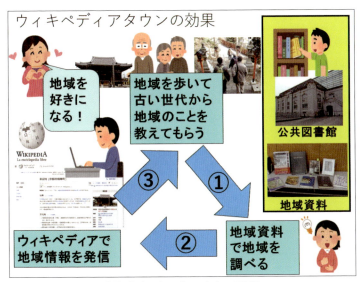

[図5] ウィキペディアタウンの効果

写真：著者撮影、イラスト：「いらすとや」https://www.irasutoya.com/、左下出典：「来迎寺（京都府精華町）」https://ja.wikipedia.org/wiki/来迎寺_(京都府精華町)［2022年10月11日（火）10:51の版］

（2）留学生と一緒に

　次に2018年2月25日に京都府和束町で行った第2回和束町ウィキペディアタウンを紹介します。今回は、和束町の茶農家への作業体験のために和束町に留学している外国人留学生にも参加してもらい、和束町の英語版ウィキペディアを作成してもらい、外国語による情報発信を行いました。

　そのため冒頭の留学生へのウィキペディア講習も英語で説明しました。その後、執筆したい項目について記述のある地域資料を探します。公立図書館のない和束町ですが、今回は執筆に際し京都府立図書館から、書籍の貸し出しの協力をいただき、資料をもとにウィキペディアの執筆を行いました。

　参加した留学生のAlecとDavidは、和束町の歴史と文化を知ってもらった上で、ウィキペディア英語語版「Wazuka」に「Wazuka tea History」の

項目を加筆してくれました [図6]。

ウィキペディア英語版
■加筆項目　Wazuka
ウィキペディア日本語版
■新規項目　恭仁京東北道
■加筆項目　和束町、和束茶、安積親王陵墓、南山城水害、正法寺（和束町）、弥勒磨崖仏（和束町）

ウィキペディアタウンの様子（著者撮影）

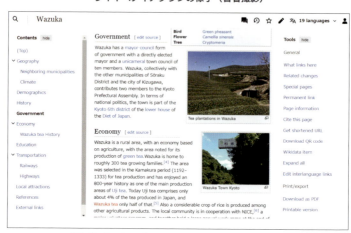

[図6] ウィキペディア英語版「Wazuka」への加筆
出典：https://en.wikipedia.org/wiki/Wazuka [2024年2月14日（水）08:16の版]

和束町の事例からは、このようにさまざまな国の方と一緒にウィキペディアタウンを行い、彼らの母国語でのウィキペディア編集をしてもらうことで、地域情報を世界に発信してもらうことも可能だとわかりました。特に英語を使う世界人口はとても多いので、英語版での発信をすると、英語版からその他の言語版への翻訳を世界中の人たちがしてくれます。

4　観光地じゃないほうが面白い ウィキペディアタウンで観光？

　ウィキペディアタウンの意義は、これまでよく行われてきた「まちあるき」で地域の再発見をするだけでなく、その後、地域住民自らが、地域資料をもとにきちんと資料を調査して地域理解を深め、その成果を情報発信する点にあります。精華町の例のように観光地でない地域では、地域の人が誰もが知っている寺社仏閣や文化財に関するウィキペディアページがほとんど存在しません。地域住民がそのような事実を知ることで、地域住民のウィキペディア執筆意欲が大いに高まります。そして、一日のイベントの最後には、自分たちで作成した執筆成果が、すぐにウィキペディアに反映され、その日のうちに世界中から自らの地域情報を見てもらえる即効性があります。

　「でも、うちには観光地がなにもないし……」。

　ここまでお読みになられた方から、こんな感想が聞こえてきそうです。でも、観光地がなにもないと思っている地域こそ面白いのです。観光地ではないだけで、ウィキペディアタウンで地域のことを調べてみると、それぞれの地域には、連綿と積み重ねられた地域の歴史・文化があります。例えば精華町来迎寺のお千代と半兵衛の墓や祝園神社の奇祭、いごもり祭など、その情報さえ伝われば、興味を持ってそこを訪ねてみたいと思われる方が必ずいます。ただ、それらの情報は旅行会社などの商業ベースに載っていないため、観光情報として発信されていないだけなのです。ウィキペディアタウンはそんな埋もれている地域の

歴史・文化情報を地域住民自らの手で発掘・情報発信して、観光につなげる可能性を開くものでもあります。

　そして、ウィキペディアの情報はGFDL（グニュー・フリー・ドキュメンテーション・ライセンス）とCC-BY-SA 4.0ライセンス（クリエイティブ・コモンズ 表示 - 継承4.0国際ライセンス）のもと、ウィキペディアからの出典であることを明記すれば自由に二次利用できるオープンデータでもあります。そのため、ウィキペディアタウンで記述した地域情報が、オープンデータとしてインターネット上で二次利用され、さらに再流通することにより、地域の再発見につなげて、地域観光の可能性を広げることができます。

　私たちは、これまでウィキペディアタウン活動を続けてきて、観光地でない注目されていない地域でこそ、地域情報の発掘のしがいがあり、有効だと思うようになりました。そして、地域住民とともに地域情報をインターネットのフリー百科事典であるウィキペディアで、広く伝えていくことで地域を再発見し、活性化していくことができると考えています。これからもウィキペディアタウンで地域の歴史・文化情報をみなさんと一緒に発掘していきたいと思います。

☞ **注**

①平成26年度京都府地域力再生プロジェクト支援事業「第1回　精華町ウィキペディア・タウン」（Code for 山城　ホームページ）［2015年4月7日］https://ujigis.wordpress.com/2015/04/07/01seika-wikipediatown/（参照：2024年8月7日）。

②注①に同じ。

③「ウィキペディア・タウン in 関西館が行われました！！」（Code for 山城　ホームページ）［2015年7月12日］https://ujigis.wordpress.com/2015/07/12/wikipediatown-in-kansaikan/（参照：2024年8月7日）。
「Wikipediaで地元情報発信！国会図書館関西館で講習会」『京都新聞』［2015年7月17日］。

④「プロジェクト：アウトリーチ/GLAM」https://ja.wikipedia.org/wiki/プロジェクト：アウトリーチ/GLAM［2023年11月26日（日）16:02の版］。

column

活動を継続させるために

▶ 楽しさが原動力

　オープンデータ京都実践会は、基本的にボランタリー活動です。仕事ではありません。それぞれが自分の仕事を別に持つ中で、休日を中心にボランタリーで活動をしています。ボランタリー活動というと意識が高いとできないとか、崇高な精神がないとできないようなイメージがありますが、仕事ではありませんので、自分たちがやっていて楽しいかどうかが活動の精神です。楽しくなかったら参加しなくてよいし、参加を強いることはありません。

　私たちの活動の楽しみは、なんと言ってもイベント前半に行う「まちあるき」です。知らないまちやよく知っているまちでも、ウィキペディア記述やOSM（OpenStreetMap）の地図づくりのために、まち中にある建築物や石碑などの事物に注意を向けて歩くと、まちの見え方が違ってきます。そして、まちあるきの後に、資料を確認すると、その事物をさらによく知ることができます。さらに、知ったまちのことを自分の頭の中だけにしまっておくのでなくて、ウィキペディアやOSM地図を編集することで、インターネットを通じて、みんなに知ってもらうことが楽しいのです。また、イベント終了後の懇親の場で、大いに歓談することも実は活動の大きな原動力です。

▶ オープンでボランタリーな精神のあるコミュニティ

　私たちの活動は
IT系
・OSS（オープンソースソフトウェア）コミュニティ
・LOD（linked open data）

column

系コミュニティの人が
- ウィキペディアン
- OSM マッパー
- OpenGLAM（文化施設［Gallery、Library、Archive、Museum］のオープンデータ化を IT の活用 により促進する活動）

系の図書館、資料館系の人とつながったことが活動の大きな発火点であったと思います。OSS コミュニティは OSS の開発・改善・情報交換のため有志で組織されています。オープンデータは OSS の考え方をデータに適用したものと言われますが、OSS コミュニティの「オープンでボランタリーな精神」が私たちの活動の原点をなしています。

　OSS コミュニティには、仕事じゃないことを、みんなで楽しんでワイワイやろうという雰囲気があります。私自身も地理情報の OSS コミュニティである OSGeo（The Open Source Geospatial Foundation）のイベントに初めて参加した時、そのフランクさとノリの軽さにびっくりしました。オープンとはこういうものかと思ったことをよく覚えています。私も含めて私たちの主要メンバーはさまざまな OSS コミュニティで活動している方々が多いのが特長です。そのため、オープンデータ京都実践会も OSS イベントである OSS カンファレンス（略称:OSC）京都［https://www.ospn.jp/osc2016-kyoto/］や関西オープンフォーラム［https://k-of.jp/2017/］に出展して、私たちの活動を伝えています。

　OSS コミュニティと図書館という今までは異質なコミュニティがつながって、オープン・ボランタリー精神で楽しみながら活動できることが、現在まで活動が続いている要因だと思います。技術革新やマーケティングなどの分野で、全く新しい技術や考え方を取り入れて新たな価値を生み出して、大きな変化を起こすイノベーションは、異質なコミュニティ・人材がつながることで起こると言われています。オープンデータ京都実践会におけるウィキペディアタウンは、OSS 系コミュニティに図書館の人がつながって、行動を起こしたことで、

図書館におけるイノベーションを起こしたのかもしれません。

▶ **図書館がイノベーションを起こすために**

このことから図書館がさらなるイノベーションを起こすためには、今、図書館に来館し利用してくれている方々だけでなく、図書館に来たことのない方々にいかにつながるかが重要なのではないでしょうか。しかし、そのためにはどうすればよいのでしょうか。

図書館に来たことのない方々につながるのに、図書館に人が来てくれるのを待っていても無理ですね。自ら外に出て行くしかありません。ですが、どこへ出て行ったらよいのでしょう。例えば日本全国各地で開催されているオープンソースをテーマにしたイベントであるオープンソースカンファレンス（OSC）[https://www.ospn.jp/] に顔を出したり、出展してみることをおすすめします。せっかくの休日に個人として行くことにはなりますが、思い切って参加してみたら、楽しいと思います。

また、Code for X 活動（IT で地域貢献する活動）に参加してみてもよいでしょう。オープンデータを進めようとしている自治体であれば、これらの団体と協働している自治体もたくさんありますので、公共図書館の方であれば自治体本庁の IT 部門や地域協働部門職員さんと一緒にそれらの活動に参加してみてもいいかもしれません。

是非、GLAM［Gallery、Library、Archive、Museum］の方々とオープンでフランクな雰囲気の中でお会いできることを楽しみにしています。

オープンデータ京都実践会の紹介

京都らしいオープンデータのベスト・プラックティスをたくらむ会です

https://opendatakyoto.wordpress.com/

　オープンデータ京都実践会は、京都を拠点としてオープンデータを自分たちで作る活動を行っているコミュニティです。

　地域をまちあるきして、地域に関する歴史や文化情報を、公共図書館の地域資料を出典に、その出典をきちんと付けてウィキペディアに書くウィキペディアタウン活動や自由に作成・利用できる世界地図を作る共同作業プロジェクト

であるOSM（OpenStreetMap）マッピングパーティーなどを組み合わせた活動をしています。

　そうすれば、地域の詳しいことがインターネットを通じて、ウィキペディアやOSMで簡単にわかります。

　そこで、地域のことに興味を持ったら、実際に自分でまちへ出掛けてOSMを自分で書いてみたり、公共図書館に足を運んで、地域資料を自分で確認して、より詳しい情報を知って、ウィキペディアに自分で記述することができたらいいですよね。

　そのため、ウィキペディアタウン活動では、地域のことを地域資料をもとに、きちんと出典をつけて、ウィキペディアに記述することでインターネットを通じた地域資料へのデジタルな入り口を作る活動をしています。

Wikipedia Town

レッスン 03　図書館との連携

　今まで折にふれて図書館の重要性についてお話してきました。ここではウィキペディアタウンが、なぜ公共図書館との連携が有効なのか、その意義は何なのかについて説明していきます。

1　地域の公共図書館とどう連携していくか

（1）参考資料を図書館で利用できるメリット

　私たちはウィキペディアに、参考文献をもとにその出典を示した上で、検証可能性を高い文章を記述することで、ウィキペディアの社会的信頼性を高めていきたいと考えています。その際に地域の情報を記述するための主な資料として地名辞典があります。ですが、多くの公共図書館では辞典類は貸出禁止扱いとなっていて館内利用しかできません。また、雑誌も多くの公共図書館では貸し出していません。新聞記事も同様です。このため図書館以外の場所でウィキペディアの編集を行うには、事前に図書館に赴き、これら貸出禁止の該当資料を複写してから利用する必要があります。

　ですが公共図書館の協力を得て、会場として使用させてもらうことで、館内で資料を利用して

地域資料レファレンス（著者撮影）

ウィキペディアの編集作業を行うことができます。私たちのような市民団体がウィキペディアタウンを開催するにあたり、公共図書館の協力を得て、資料を館内で利用して編集できる利便性は、計り知れないものがあります。

　さらに、ウィキペディアの編集作業中に資料の参考文献に記述のある引用文献を閲覧できたり、地域の記述に際して重要な出典となる新聞データベースを図書館内で利用できる点も見逃せません。地域資料を膨大に保管している公共図書館内で直接資料を探して、その場でウィキペディアへの記述ができることは、記事中の出典の充実につながり、有用な記事作成に寄与することになります。

　このように、地域資料を出典に、その内容をデジタル情報としてウィキペディアに執筆・発信していくことは、アナログな紙媒体で連綿と地域で蓄積されてきた膨大な市町村史や郷土史などの埋もれていた資料を、インターネットを通じて部分的にデジタルアーカイブすることにもなります。このことはアナログな地域資料に対して、デジタルな入り口を作る機能を果たします。

（2）図書館員と協力することで得られること

　ウィキペディアタウンでは、できる限り準備・企画段階から図書館員に参加していただいています。準備では、図書館員の地域情報資料に関する専門的な知識をふまえた上で、記述する地域と記述項目の選定をします。地域では誰でも知っているが、これまでウィキペディア上に存在していない新規項目や、項目は存在するが内容が十分記述されていない項目を選びます。ただし、その項目に関する地域資料が十分に存在するのか？が重要です。その辺りを図書館員さんにレファレンスサービスをしてもらいながら、記述項目を選定します。

　記述項目についてですが、最近、観光地の特産品のウィキペディアページを作りたいというような要望をお聞きすることもあります。ただし、資料をもとにせず、出典を示さず広告的な特産品のページを作成した場合、先ほどもふれたように、ウィキペディア上のコミュニティで議論され、ページを削除される

こともあります。ウィキペディアは百科事典ですので、特産品が百科事典に収めるのにふさわしい特筆性を有すること、つまり社会的に認知されている必要があります。それを示すためには、特産品が行政の観光資料だけでなく、それ以外の複数の資料に記述してあることを確認し、それらの出典をきちんと明記して、執筆する必要があります。

ウィキペディアタウンは、多くの人たちに参加してもらいたいので、イベントは土曜日、日曜日の休日に実施することになります。しかし、休日は公共図書館の利用者数も多く、レファレンスサービスを行うための人員確保も課題になります。そのため、事前に調べたい項目一覧を図書館員に渡し、平日の余裕のある時に、休日に実施されるイベントのレファレンスサービスを行ってもらうことや企画会議を平日に行うなど、図書館側へ負担のかからないような配慮が必要です。

2 市民による地域情報発信拠点の実現のために

日本の公共図書館の市民利用は、本の貸出や新聞雑誌の閲覧が中心です。ほとんどの公共図書館では地域資料の収集を行っていますが、図書館利用者が地域資料を活用する機会は少ないのが現状です。私も以前に図書館長をしていましたが、地域資料コーナーの本棚の前に人が立っているのを見たことがありませんでした。今から考えると、私は利用されることの少ない地域資料のよい活用方法はないものか？とその活用方法を無意識下で探っていたのかもしれません。

公共図書館には地域の情報拠点としての新たな役割の必要性が指摘されてきました。2005年の文部科学省の調査研究報告書【☞注①】では、公共図書館が地域社会における情報蓄積・情報発信の拠点となり、地域経済活性化などの地域の課題解決を支援することが期待されています。具体的に地域文化のデジタルアーカイブなどによる発信、ウェブアーカイブの公開があげられています。

ウィキペディアタウンは、地域住民が公共図書館の地域資料を使い、地域情

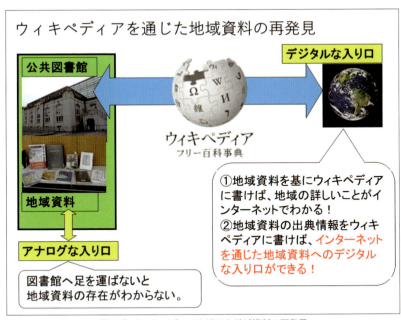

[図1] ウィキペディアを通じた地域資料の再発見
左写真：著者撮影、中央出典：by Wikimedia Foundation（CC BY-SA 3.0）、右写真出典：by NASA/ GSFC/ NOAA/ USGS（Public domain）https://commons.wikimedia.org/wiki/File:Nasa_blue_marble.jpg

報を発信する拠点としての公共図書館の新たな使い方を実現しています。そして、自由に再利用・再配布することができるオープンデータとして地域情報がインターネット上で再流通することにより、地域の再発見につながり、地域活性化の可能性を広げることができるのです **[図1]**。これが公共図書館を情報発信拠点とした市民参加型オープンデータ作成イベントであるウィキペディアタウンが果たす意義と言えるでしょう。

☞ **注**

①文部科学省、図書館をハブとしているネットワークの在り方に関する研究会「地域の情報ハブとしての図書館－課題解決型の図書館を目指して－」（2005年1月28日）http://www.mext.go.jp/a_menu/shougai/tosho/houkoku/05091401/all.pdf（参照：2024年8月7日）。

Wikipedia Town

レッスン 04　ウィキペディアタウンに参加する

1　ウィキペディアタウンに参加する方法

　ウィキペディアタウンを知るには、まず何より自分で参加してみることが一番です。本章では、どのようにしてウィキペディアタウンに参加したらよいのかについてお話しします。また、全国のウィキペディアタウン開催の全体像を知るために、ウィキペディアタウンがどのような時期に、誰によって開催されてきたか、分析します。

　どこで、どのようなウィキペディアタウンが開催されるのか、その情報はウィキペディアの「プロジェクト：アウトリーチ／ウィキペディアタウン」内の「ウィキペディアタウン開催情報」を見れば、わかります **[図1]**。このページにこれから開催される予定のウィキペディアタウンの情報が記載されています。最近は日本全国各地でウィキペディアタウンが開催されるようになりました。

　お住まいの近くで、ウィキペディアタウンが開催される予定があるのなら参加してみるとよいでしょう。また、思い切って、自分の旅行も兼ねて遠い場所のウィキペディアタウンに参加してみるのも一つの方法です。ウィキペディアタウンの参加と旅行もセットにすれば、普段は旅先では知り合えない地域の方々と知り合って話をする機会も得られます。そんな旅行も素敵ですね。もしウィキペディアタウンの開催情報を知っているけれども、このページに記載がないのであれば、是非ご自身で練習を兼ねて、ウィキペディアを編集してその予定を追記してみましょう。

この開催情報ページには概要しか載っていませんが、具体的な申し込み方法などは詳細ページへのリンクがあるはずですので、確認して申し込みましょう。ウィキペディアタウンに参加してみれば、実際のまちあるきやウィキペディア記述の進行などの内容がわかります。

　とはいえウィキペディアを書いたこともないのに、いきなり参加するというのはハードルが高いと思う方もいらっしゃることでしょう。そんな時は思い切って、参加申し込みページに記載のある連絡先に問い合わせて、「初めてで不安なので見学だけでよいですか？」という風に聞いてみましょう。多くのウィキペディアタウンコミュニティはオープンマインドを旨としていますので、気軽にOKしてくれることが多いと思います。

　ウィキペディアタウンは前半のまちあるきだけでも楽しいものです。普段なら見過ごしてしまうようなまちなかの文化財などの説明を改めて聞きながらまちを歩くというのは、それだけでエンターテインメントになります。

　私たちの活動では、参加者の中で、特に地域の高齢者の方は「私はパソコン

[図1]「プロジェクト：アウトリーチ / ウィキペディアタウン / ウィキペディアタウン開催情報」
出典：https://ja.wikipedia.org/wiki/プロジェクト：アウトリーチ/ウィキペディアタウン/ウィキペディアタウン開催情報 ［2023年10月10日（火）15:25の版］

53

が苦手なので」とウィキペディアの編集を敬遠されることもあります。そういった場合は、午後からのウィキペディア編集作業は見学だけでよいのでご参加くださいといった形でお願いをしています。見学していただくだけでも、実際にどのように自分たちの地域の情報がウィキペディアに記載されることになるのか、また、若い世代の人たちが地域情報を発信していることを知ってもらえることにもなります。もし参加して自分もやれそうだと思ったら、そこで初めてウィキペディアの編集に参加してもよいのです。

　ウィキペディアタウンは主催するコミュニティによって、その雰囲気や細かな手法が違ったりするものです。市民主体のウィキペディアタウンや図書館主催のウィキペディアタウンなど、主催者の属性が違うものに複数回参加してみると、その違いがわかってきます。

2　必要なこと・必要なもの

　ウィキペディアタウンの申し込み方法にはさまざまな方法があります。
　シビックテック団体が主催しているウィキペディアタウンの場合は、インターネット上に申し込みフォームやサイトを作っていることが多いです。このような場合には、インターネットから参加申し込みができます。また、実名を書く必要がなくアカウント登録名での登録で申し込める場合が多く、この場合、実名や属性を明かすことなく気軽に参加できるメリットがあります。
　図書館や自治体が主催する場合は、電子メールで連絡することが多いです。また、昔ながらの電話や窓口で受付する場合もあるでしょう。この場合、名前、居住地や年齢、属性を聞かれることも多いので、ハードルが高いと感じる方もいるかもしれません。ただし、行政ですので個人情報の取り扱いは万全を期していると思います。安心して申し込みましょう。

(1) ウィキペディアのアカウントの作成・確認

　事前にウィキペディアのアカウントを作ってから参加しましょう。ウィキペディアのアカウントは作成する際に、会場で利用可能な公共 Wi-Fi やレンタル Wi-Fi のルーターの IP アドレスなどは受付できないことがあります。

　以前登録したことのある方も、久しぶりにログインする際に、アカウントとパスワードがわからなくなっていることもよくあります。イベント当日までに確認しておきましょう。

(2) 当日の持ち物について　※各参加団体によって異なる場合もあります。

①モバイル PC
②電源 OA タップ

　電源をたくさん挿す口があるものにしておくと、他の参加者さんにも電源供給できてありがたがられます。ただし、終了後はバタバタと片付けをする際にどれが誰のものかわからなくなることがよくありますので、名前を書いたシールを貼っておくとよいでしょう。

③モバイル Wi-Fi ルーター

　普段から契約をして持っているならモバイル Wi-Fi ルーターを持って行くとよいでしょう。会場には Wi-Fi の手配がされていることが通常ですが、回線が細くて、たくさんの人が同時接続すると動かなくなるようなこともよくありますので、契約している人は持って行くと安心です。ただし、わざわざそのために入手する必要はありません。

④デジタルカメラ、カメラ機能つきスマートフォン

　ウィキペディアタウンでは文章を作成編集するだけでなく、ウィキメディア・コモンズ上に写真をアップロードすることにより、ウィキペディア上に写真をリンクして掲載することもできます。まちあるきの中で是非、編集対象となるお寺や文化財などの写真を撮影しましょう。

⑤カメラ、スマートフォンと PC とを接続するケーブル

　ウィキペディアの編集作業やウィキメディア・コモンズへの写真のアップロード作業はパソコンで行う方がやりやすいです。撮影した写真をいったんパソコンに取り込んで作業することが多いので、接続ケーブルを持って行きましょう。

⑥充電バッテリー

　まちあるきでいよいよ写真を撮るぞ！という時に、電源容量が残り少なくて焦るということはよくあります。前日に十分に充電しておくようにしましょう。ウィキペディアタウンに参加する時には、当日の朝に用意をするのではなくて前日に持ち物を用意をしておくとよいですね（私自身の反省も含めて）。

⑦バインダー、筆記用具

　まちあるきの際に地図や文化財の説明など紙の資料などを配ってくれることがよくあります。それらをバインダーにはさんで持ちながら、まちあるきすると便利です。また案内人の方が説明してくれる内容や写真撮影した場所やものについてメモをしたい場合も多いです。そのような際に筆記用具を持って行くと便利です。

⑧お昼ごはん

　一般的なウィキペディアタウンは一日がかりのイベントなので、お昼休憩をはさむことが多いです。市街地で開催する場合は、外食で済ませられることが多いです。ウィキペディアタウンで一緒になった方々と一緒にお昼を食べて懇親を深めるのもウィキペディアタウンの楽しみの一つです。主催者側から近隣ランチマップが配布されることもよくあります。近隣に外食できるお店がないような場所でウィキペディアタウンが開催される場合には、事前にコンビニなどで昼食を用意して持って行く方がよいケースもあります。また主催者側がお弁当を事前に申し込みの上、用意してくれるようなケースもあります。そのような際は募集案内に記載があるはずです。不明な場合は主催者に気軽に問い合わせてみましょう。

3 ウィキペディアタウン／アーカイブから過去を分析する

過去のウィキペディアタウン開催実績は、ウィキペディアの「プロジェクト：アウトリーチ／ウィキペディアタウン／アーカイブ」にアーカイブとして残されています**[図2]**。

(1) ウィキペディアタウン開催数を分析してみる

ウィキペディアタウンの「プロジェクト：アウトリーチ／ウィキペディアタウン／アーカイブ」からウィキペディアタウンの開催データをデータベース化して確認してみました【☞**注①**】。

アーカイブされているウィキペディアタウンの開催全件数は、原稿執筆時

[図2] ウィキペディアタウン開催情報
出典：https://ja.wikipedia.org/wiki/プロジェクト:アウトリーチ/ウィキペディアタウン/アーカイブ
［2024年1月17日（水）05:56の版］

点（2023年7月上旬）では、全414回です。開催日から年別の集計をすると**[図3]**のグラフのようになります。日本での最初期のウィキペディアタウンは、2013年に3回行われています。2013年2月のインターナショナルオープンデータデイ（IODD）にて、横浜で初めて開催され、そして、同年5月には横浜、6月には東京の二子玉川にて、計3回のウィキペディアタウンが開催されました**[図4]**。私たちはこの情報を開催後1ヶ月ぐらいたってから知って、京都でも是非この活動をやってみたいと思ったのです。そして、私たちオープンデータ京都実践会は、次の年、2014年のIODDでのウィキペディアタウン開催に向けて、2013年の4月から約1年間勉強会を開いて準備をしてきました。

　そして、2014年には12回のウィキペディアタウンが開催されました。2014年2月のIODDにて、横浜、二子玉川とともに、オープンデータ京都実践会が西日本地域で初めてウィキペディアタウンを行いました（第1章コラム参照）。この時にはウィキペディアに編集したい項目がありすぎて、IODDでの前週にもプレイベントを行うという荒業を行いました。今となっ

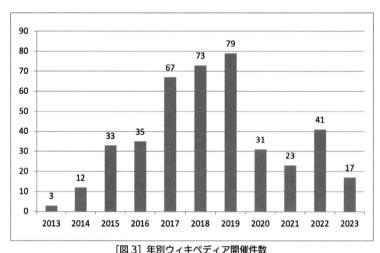

[図3] 年別ウィキペディア開催件数
(「プロジェクト：アウトリーチ / ウィキペディアタウン / アーカイブ」[図2出典参照] を著者が集計)

ては、よくできたものだと思います。2014年のIODDでは、横浜、二子玉川、京都の3カ所でウィキペディアタウンが行われました。その結果、オープンデータやオープンソースなどのIT系のデータ活用コミュニティに、ウィキペディアタウンというものの活動の存在が強く印象づけられたと思います。とはいえ、この頃の私たちの活動では、まだ図書館の協力を得て開催をするというところまでは実現できず、図書館関係者がこの活動を行うところまでは実現できていませんでした。

しかし、その影響もあってか、2014年の5月には山梨県南都留郡山中湖村の公共図書館、山中湖情報創造館にて、日本で初めて図書館主催の山中湖ウィキペディアタウンが開催されました。徐々にウィキペディアタウン活動が盛り上がっていく中で、私たちオープンデータ京都実践会の活動も2月のIODDだけではなく、もっとやりたいという気運が高まってきました。そして約半年後の2014年の7月から、ほぼ毎月ウィキペディアタウンを開催するようになりました。特に第4回の2014年8月のウィキペディアタウンから、京都府立図書館の協力を得て、京都府立図書館の一室をお借りしてウィキペディアタウンを開催できるようになりました。2014年11月には、京都でのウィキペディアタウン活動に参加してくれたCode for NARAが奈良でウィキペディアタウンを開催しています。この際には私たちオープンデータ京都実践会のメンバーも参加して協力を行いました。

この頃の私たちは、ともかくウィキペディアタウンをやることが楽しくて、毎月、次の開催を楽しみにその準備を行い、毎月ウィキペディアタウンを開催していました。そんなこともあって2014年には、なんと6回もウィキペディアタウンを開催したのです。その結果、日本では2014年に12回のウィキペディアタウンが開催され、ウィキペディアタウンは大いに盛り上がりました**[図4]**。

このウィキペディアタウン活動の盛り上がりを見て、2015年には開催件数33件と一気にウィキペディアタウンの開催が増えていきます。続いて2016年にも35件と同様の数のウィキペディアタウンが開催されています。そして、

2017年には67回と一気に開催数が倍増しました。

　そのような活動を受けて、2017年9月27日には、NPO法人知的資源イニシアティブ（IRI）がこれからの図書館の在り方を示唆する先進的な活動を行っている機関に対して毎年授与する賞、Library of the Year（LoY）2017の内、ウィキペディアタウン活動がLoY2017優秀賞（地域情報資源を活用した公共情報資産の共創活動）を受賞しました**[図5]**。この賞はどこか特定の期間、特定の団体を対象として送られたものではなく、これまでに各地でウィキペディアタウンを企画実施したみなさんとこれをサポートしたウィキペディアンのみなさんを対象として送られました。この受賞により、図書館関係者に「ウィキペディアタウン」というプロジェクトが一気に知られるようになりました。

　その後、2018年に73回、2019年に79回と順調にウィキペディアタウンの開催回数を増えていきました。しかし2020年は新型コロナ感染症により、多数の人が集まるイベントであるウィキペディアタウンは一気に開催数が激減しました。新型コロナ感染症の危険性が高まったのは2020年の3月頃でしたので、それまでに開催されていたウィキペディアタウンの数により、2020年は31件となっていますが、2021年には23回と激減しました。そして、

開催順	開催年月	イベント名	主催者名	開催回数
1	2013/2	横浜(1回目)インターナショナルオープンデータデイ	横浜オープンデータソリューション発展委員会	1
2	2013/5	横浜(2回目)	一般社団法人SoLaBo	2
3	2013/6	二子玉川(1回目)	クリエイティブ・シティ・コンソーシアム	1
4	2014/1	横浜(3回目)	横浜オープンデータソリューション発展委員会	3
5	2014/2	インターナショナルオープンデータデイ2014京都プレイベント	オープンデータ京都実践会	1
6	2014/2	インターナショナルオープンデータデイ2014京都	オープンデータ京都実践会	2
7	2014/2	二子玉川(2回目)	クリエイティブ・シティ・コンソーシアム	2
8	2014/2	横浜(4回目)	横浜オープンデータソリューション発展委員会	4
9	2014/5	山中湖1回目(トライアル)	山中湖情報創造館	1
10	2014/7	京都オープンデータソン2014vol.1	オープンデータ京都実践会	3
11	2014/8	京都オープンデータソン2014vol.2	オープンデータ京都実践会	4
12	2014/10	京都オープンデータソン2014vol.3	オープンデータ京都実践会	5
13	2014/10	二子玉川(3回目)	クリエイティブ・シティ・コンソーシアム、二子玉川商店街振興組合	3
14	2014/11	第1回奈良まちあるきオープンデータソン	code for NARA	1
15	2014/12	京都オープンデータソン2014vol.4	オープンデータ京都実践会	6

[図4] 2013、2014年に行われたイベント一覧（横浜：青、二子玉川：黄、京都：オレンジ）

> **LoY2017優秀賞：地域情報資源を活用した公共情報資産の共創活動**
>
> 受賞活動・受賞者：ウィキペディアタウン（各地でウィキペディアタウンを企画実施したみなさんとこれをサポートしたウィキペディアンのみなさん）
>
> - 授賞理由：
>   MALUI(博物館・美術館・公文書館・図書館・大学) の資料等、地域情報資産を活用し、新たな地域情報資産を共知・共創するプログラムとして急速に拡大している点を評価。
>
> - 授賞詳細：
>   2012年にイギリスで始まり、2013年の国際オープンデータの日に横浜で開催されたことを契機に全国に広まった、地域やテーマ分野を特定してウィキペディアの記事充実を図りオープンにするプログラム。オープンデータ関連コミュニティ、公共図書館、地域社会組織等が主催し、ウィキペディア・コミュニティのアウトリーチ活動としての支援を受けながら展開されてきた。図書館を中心としたMALUI機関が資料や作業環境を提供するプログラムは、これまでに日本全国で約120回開催され、持続的な事業となっている地域もある。まち歩きや図書館等が収蔵する地域情報資産を活用して人々が共に知り、新たな地域情報資産を共に創成するプロセスの楽しさを見える化し、成果物をオープンデータとして広く公開する取り組みとして評価する。
>
> https://ja.wikipedia.org/wiki/%E3%82%A6%E3%82%A3%E3%82%AD%E3%83%9A%E3%83%87%E3%82%A3%E3%82%A2%E3%82%BF%E3%82%A6%E3%83%B3

[図5] LoY2017 優秀賞授賞の理由と詳細
出典：「IRI 知的資源イニシアティブ」https://www.iri-net.org/loy/loy2017result/（参照：2024 年 8 月 7 日）

ようやく新型コロナ感染症の脅威が収まりつつある 2022 年に 41 回とウィキペディアタウン開催数が回復しつつあります。2023 年 6 月末までで、すでに 17 回のウィキペディアタウンが開催されています。今後、さらにウィキペディアタウンの開催が増加することが期待されます。

（2）ウィキペディアタウン開催月を分析してみる

次にウィキペディアタウンの開催時期別の集計をしました【☞注②】。

1 月は 23 回、2 月は 55 回、3 月は 51 回、4 月は 18 回、5 月は 27 回、6 月は 20 回、7 月は 32 回、8 月は 22 回、9 月は 37 回、10 月は 44 回、11 月は 57 回、12 月は 27 回となっています【図6】。

2 月、3 月が多いのは行政が主催する場合には年度中の開催を行わないといけないので、駆け込み開催が多いのではないかと推察されます。その影響か 4

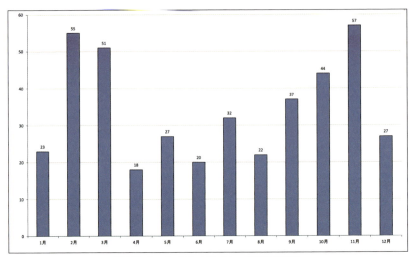

[図6] ウィキペディアタウン・開催月別集計

月は18回とガクンと開催回数が減ります。そして季節のよい春の時期に5月27回、6月20回と開催された後、新年度の開催準備が整った7月には32回と回数が増えます。そして真夏の8月には、まちあるきは厳しいので22回と減ります。そして、秋の季節です。秋はまちあるきも大きな楽しみの一つであるウィキペディアタウン開催の最もよい季節とも言えるでしょう。9月は37回、10月は44回、11月は57回と一気に開催数が増えていきます。そして12月は年末年始の休日期間を含んだりしますので27回と開催回数は減少します。

(3) ウィキペディアタウンを主催者別に分析してみる

次にウィキペディアタウンの主催者別の集計をしてみました【☞注③】。

全414回のウィキペディアタウンの主催者分野別開催数を集計してみると、行政145回（35.02%）、大学、高校32回（7.73%）、NPO、シビックテック、市民団体217回（52.42%）、民間事業者16回（3.86%）、個人4回（0.97%）となっています【図7】。なお、ここではNPOやシビックテック団体が中心と

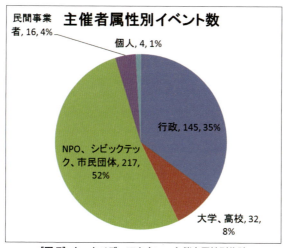

[図7] ウィキペディアタウン・主催者属性別集計

して活動しているウィキペディアタウンも、共催に図書館などの行政が入っている場合には行政としてカウントしています。

　この結果から、活動の半数はNPOやシビックテック団体の主催が占めていることがわかります。そして、2番目には行政主催のウィキペディアタウンが全体の3割程度を占めていることもわかります。さらに大学や高校での開催が32件8%とウィキペディアタウンを教育活動に活用するという新たな取り組みも進みつつあることがわかります。他には、民間事業者が主催しているケースもあります。この内訳は2事業者となっており、県の委託を受けて民間事業者がウィキペディアタウンを主催しているケースと町の商工会議所が主催しているケースです。そして、最後に個人主催のウィキペディアタウンも4件開催されています。

　これらの内訳を見てみるために主催者別のイベント数を集計したものが次の図です。ここでは開催回数4回以上の主催者だけに絞ってグラフを表示しています [図8]。最も多いのはオープンデータ京都実践会で24件、続いて京都府北部に拠点を置くedit Tangoが15件、神奈川県で大山道街道をテーマと

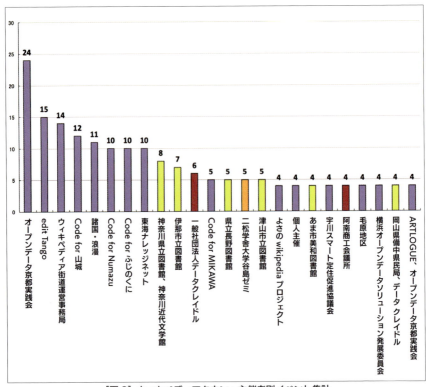

[図8] ウィキペディアタウン・主催者別イベント集計
（シビテック団体：青、行政：黄、教育：オレンジ、事業者：赤）

して開催を行っているウィキペディア街道運営事務局が 14 件、オープンデータ京都実践会の代表である著者が京都府南部地域でのシビックテック活動団体として立ち上げた Code for 山城が 12 件、同じくオープンデータ京都実践会からの派生団体である諸国・浪漫が 11 件となっています。そして静岡県で定期的なウィキペディア開催をしている Code for Numazu が 10 件、同じく Code for ふじのくにが 10 件となっています。この 2 団体は Code for ふじのくに/Numazu として開催地や趣旨目的などに合わせて、主催団体名の名称が変わるようです。そのため実質的には計 20 件のウィキペディアタウンを開催をしていますので、オープンデータ京都実践会に次いで日本でのウィキペ

ディアタウン開催回数が多い団体です。

　続いて、中部地域を中心にウィキペディアタウンを開催を行っている東海ナレッジネットが10件となっています。これら上位8位までの開催回数の多い団体はすべてNPO市民団体となっていることが特徴です。

　次に行政主催の開催が目を引きます。「wikipediaブンガク」を8回主催している神奈川県立図書館・神奈川近代文学館、7回の伊那市立図書館、5回の県立長野図書館と津山市立図書館があがっています。続いてあま市美和図書館、岡山県備中県民局が4回開催しています。また、岡山県備中県民局でのウィキペディアタウンは、データクレイドルという民間事業者との共催にて開催されています。

　大学での取り組みでは、二松学舎大学谷島ゼミで5回のウィキペディアタウンが行われています。大学での教育においてウィキペディアを活用するという取り組みは、これまで多く進められてきたまちづくりの観点からのウィキペディアタウンだけではなく、教育の観点からのウィキペディアタウンということで注目できるでしょう。

☞ **注**

①2023年6月末までの開催数で分析した。「プロジェクト：アウトリーチ/ウィキペディアタウン/アーカイブ」https://ja.wikipedia.org/wiki/プロジェクト：アウトリーチ/ウィキペディアタウン/アーカイブ［2024年1月17日（水）05:56の版］。
②注①に同じ。
③注①に同じ。

Wikipedia Town

レッスン 05 開催コミュニティ紹介

　次に全国各地で活発に活動しているウィキペディアタウン開催コミュニティを紹介していきましょう。ウィキペディア上の「プロジェクト：アウトリーチ/ウィキペディアタウン＃目標と進捗」[図1]には、これまで日本において活発に活動をしてきたウィキペディアタウンコミュニティが紹介されています。

　ここでは上記で紹介されているものの他、主だったコミュニティをそれぞれの公式サイトの記述をもとに紹介していきます。

[図1]「プロジェクト：アウトリーチ/ウィキペディアタウン＃目標と進捗」
出典：https://ja.wikipedia.org/wiki/プロジェクト:アウトリーチ/ウィキペディアタウン#目標と進捗
（2023年8月12日（土）11:58 の版）

1 オープンデータソリューション発展委員会（横浜）

http://yokohamaopendata.jp/

　日本で最初にウィキペディアタウンを行った団体です。本委員会は、2012年12月19日に設立されました。エンジニアやクリエイター、社会起業家、研究者、メディア関係者などが集うことで、横浜におけるオープンデータの取り組みを、民間側から進めるための組織として活動しています。設立メンバーに国の研究機関や大学の研究者なども入っているため、先進的でアカデミックな取り組みについての感度が高く、イギリスで行われたウィキペディアタウンの情報を入手して、いち早く日本で開催したオープンデータコミュニティです。公的データを活用したアイデアソン、ハッカソンの開催、公的データによって横浜の政策課題を多様な主体で共有し、解決に向けて「対話」を進めるフューチャーセッションの開催を団体の主な目的とし、活発な活動を行っています。

　本団体はオープンデータの取り組みを主に進めていくことを目的としているため、毎年3月第1週に行われるIODDにおいて、ウィキペディアタウンだけではなく、さまざまなオープンデータに関連する取り組みを行っています。2013年のIODDでも、さまざまなオープンデータ活用イベントを同時開催していました。

　その中の一つとして日本で最初のウィキペディアタウンが行われました。近年ウィキペディアタウンは、あまり行っていないようですが、毎年、新しい視点からオープンデータに関する取り組みをIODDで取り組んでおり、日本のオープンデータ活用を推進する強力な団体です。

2 クリエイティブ・シティ・コンソーシアム（二子玉川）

https://creative-city.jp/

　クリエイティブ・シティ・コンソーシアムは、東京都世田谷区の二子玉川地区で六つの企業（株式会社三菱総合研究所、コクヨファニチャー株式会社、東京急行電鉄株式会社、東京電力株式会社、日本アイ・ビー・エム株式会社、日

本電信電話株式会社）が共同、2010年8月4日に設立されました。二子玉川地区を中心にクリエイティブ産業が集まり、創造性を刺激・発揮する環境を備えた新たなビジネス地域を創出することを目指しています。現在は、「クリエイティブ・シティ・カウンシル」と名称を変えて、クリエイティブ・シティの実現を目指す会議体として、活動しています。

　本団体は、日本で2番目にウィキペディアタウンを開催した東京都二子玉川のウィキペディアタウンコミュニティです。2013年6月から活動開始し、OSMマッピングパーティーとの連携、地域の歴史資産の保存会、郷土史会、商店街振興組合、トラスト事業との連携などの新しい取り組みをしています。特に、「Wikipedia/Wikimedia コモンズ × OpenStreetMap × Localwiki」のそれぞれの特長を活かした連携の取り組みには、大いに刺激を受けました。

3 オープンデータ京都実践会（京都）

https://opendatakyoto.wordpress.com/

　日本で3番目にウィキペディアタウンを開催したのが、私たちオープンデータ京都実践会です。2014年2月16日のIODDプレイベントを皮切りに、京都のオープンデータソンは、主にOSM（OpenStreetMap）とウィキペディアタウンを組み合わせて実施しています。2014年は、オープンデータソンを6回開催し、奈良や岡山県笠岡市の北木島のオープンデータソン開催に協力しました。また、2015年4月にはARTLOGUEと共同でWikipedia ARTSを初開催しました。Wikipedia ARTSはタウン（まち）ではなくアート（芸術）をテーマとしたウィキペディアエディタイベントであり、2015年中に2回、2016年に2回の計4回開催しました。また、2015年度は「伏見」を調査対象地とし、2015年9月から2016年3月にかけて、伏見オープンデータソンを3回開催しました。

　京都において発足した私たちの団体は市民主体の活動です。私たちは、イギ

リスのモンマスで行われたウィキペディアタウン（p20参照）を、地域住民主体の地域情報発信イベント＝日本版ウィキペディアタウンにリニューアルして、2014年2月から継続的にウィキペディアタウン活動を行ってきました。私たちが考えるウィキペディアタウンは、ウィキペディアが誰もが自由に編集できるなら、地域住民が自分たちの地域のことを調べて、自分たち自身でウィキペディアを編集して、地域の情報発信をしようというものです。横浜や二子玉川の先進的なウィキペディアタウン活動を、市民主体の市民オープンデータ活動として、図書館との協力関係を構築することで、図書館の地域資料の市民活用活動に昇華させたいと活動してきました。

4 ウィキペディア街道「大山道」

オープンデータ京都実践会に続いて、地域で継続的なウィキペディアタウン活動を始めたのが、ウィキペディア街道「大山道」コミュニティです。ウィキペディアタウンは「まち」を一区切りとした単位での催しですが、「街道」を一つの単位とした「ウィキペディア街道」は、宿場町ごとに定期的に催されていました。2015年5月23日の第1回開催から、「大山詣り」でにぎわった「大山道」を対象とし、港区、世田谷区、川崎市、横浜市、大和市、海老名市、厚木市、伊勢原市など、2016年に3回、2017年に6回、2018年に6回、全15回のウィキペディア街道が開催されました。残念ながら現在は活動終了しているようです。

5 Code for 山城

https://ujigis.wordpress.com/

Code for 山城は、オープンデータ京都実践会の代表者である著者が、主に京都府南部（山城地方）で市民によるITによる地域活動を行うシビックテック活動として2015年3月から活動しています。地域行政や地域団体と密接

に協力をし合いながらウィキペディアタウンを開催することを目的としており、精華町、南山城村、和束町、笠置町、井手町の行政や図書館と連携しながら開催しています。また京都府南部のけいはんな地域に国立国会図書館関西館が存在することから、国会図書館とも連携し、2015年7月3日に国会図書館における初めてのウィキペディアタウンである「Wikipedia Town in 関西館」を開催しています。

　また、国立国会図書館関西館の近隣にある府立南陽高等学校サイエンスリサーチ科1年生の平成28年度サイエンス夏季プログラム社会実習として、「ウィキペディア・タウン　by 南陽高校」も行いました。これは高等教育にウィキペディアタウンを活用するという日本初の試みでした。

　また、2020年2月1日には、スウェーデン大使館の後援を得て、国会図書館関西館の豊富な書籍やデータベースを使って、ウィキペディアに女性の項目を書こうという「関西館で Wikigap」イベントを開催しています。当日は会場で新規に24人の女性の項目が作成されました。

6 edit Tango（エディット丹後）

https://edit-tango.webnode.jp/

　京都府北部地域を拠点にウィキペディア編集相談会、ウィキペディアタウンの主催または講師・編集者の派遣など開催支援を行っている有志グループです。2018年9月に初開催後、2019年2月にグループを結成。2020年のコロナ禍以降、企画主催者（主に個人・教育関係者）の金銭的負担軽減のため、安定的な編集活動に必要な技能を有するウィキペディアンの企画参加に要する交通・宿泊費を、ウィキメディア財団助成金により行っています。2022年までの4年間の活動開始以降、現在、日本で最も活発に活動しているウィキペディアタウン主催団体と言えるでしょう。

7 諸国・浪漫

https://countries-romantic.connpass.com/

　オープンデータ京都実践会のメンバーが自ら立ち上げた団体で、ウィキペディアタウンとOSMマッピングパーティーを同時開催しています。2018年に3回、2019年に5回、2020年に2回、2023年に1回のウィキペディアタウン&OSMマッピングパーティーを開催しています。ウィキペディアとOSMを活用して、自分たちの地域のことを記録・発信しています。諸国の方たちとつながることで、相互扶助により長期的な活動を継続させて、日本各地で住民自身による地域情報を記録・発信する文化を定着させていくことを目的としています。

　彼らは、オープンデータ京都実践会の初期の活動理念を継承し、ウィキメディアとOSMの両方の活動を同時に開催する「オープンデータソン」を常に開催しています。主に京都、大阪での開催を行っていて、京都では幕末京都オープンデータソンシリーズとして、歴史と絡めたオープンデータソンを開催しています。

8 Code for ふじのくに /Numazu

https://www.code4numazu.org/

　沼津の課題を、市民、テクノロジー、アイデアで解決し、さらに愛されるまちにしていこうとの目的のもと、ITを利用し、調査分析、課題解決策までつなげていく活動をしています。具体的には座談会、アイデアソンなどイベントを通じた課題抽出、ウィキペディアタウンやOSMマッピングパーティーやヒアリング、行政への働きかけを通じたオープンデータ作成・情報化などの活動をしています。ウィキペディアタウンは2017年に6回、2018年に7回、2019年に5回、2022年に1回、2023年に1回、計20回開催しています。

　本団体は行政と密接に連携した活動を行っており、2019年5月29日には、Code for ふじのくにと静岡県裾野市が「Wikipediaを活用した情報発信の

推進に係る覚書」の締結を行いました。その内容は、Code for ふじのくにのウィキペディアタウンで作成した記事で、裾野市に関わるものを QR コードシールにし、施設などの案内板に貼ることで情報にアクセスしやすくなるようにしたものです。イギリスのモンマスで世界で最初に開催されたウィキペディアタウンの趣旨を日本において実践しようとしている団体だと言えます。覚書締結の際には、「裾野市立鈴木図書館」「裾野市中央公園」「旧植松家住宅」「佐野原神社」の 4 つの QR コードシールが作成され、現地施設の案内板に貼られました。

9 東海ナレッジネット

https://infotoukaiknet.wixsite.com/live

　東海ナレッジネットは、愛知県を中心に、図書館・オープンデータ関係・NPO・自治体職員など、さまざまな関心領域で活動する方がゆるやかにつながるコミュニティです。東海ナレッジネットの目指すところは、「この世界を図書館ととらえ、誰もがフリーライブラリアンである」こと。その活動の一環としてウィキペディアタウンを開催し、2019 年に 2 回、2020 年に 3 回、2021 年に 5 回の計 10 回行っています。また、まちデータ道場シリーズとして、名古屋の各地域をテーマとしたウィキペディアタウンや WikiGap in あいちシリーズとして、愛知県の女性の歩みをウィキペディアに編集して残していく活動をしています。

10 Wikipedia ブンガク実行委員会（神奈川県立図書館、神奈川近代文学館）

https://www.facebook.com/wikipediabungaku/?locale=ja_JP

　ウィキペディアタウンの文学バージョンである Wikipedia ブンガクを主催している団体です。Wikipedia ブンガクでは、ウィキペディアタウンのまちあるきの代わりに神奈川近代文学館の特別展を観覧することを行います。そして、ウィキペディアに展示内容と関係の深い人物や事柄の記事を充実させるこ

とで、より多くの方に文学への関心を持ってもらうという取り組みをしています。ウィキペディア編集では、執筆する記事の信頼性を高めるため、神奈川近代文学館閲覧室の蔵書や、神奈川県立図書館の蔵書を活用しています。それにより両施設の存在や活動内容を広く知ってもらうことを目的にしています。Wikipedia ブンガクは、神奈川近代文学館や神奈川県立図書館（第 2 回〜）の協力で、2018 年から両館を会場に継続的に開催しています。これまでに大岡昇平、吉田健一、川端康成、小津安二郎などがテーマとして開催されています。神奈川近代文学館で開催される企画展や展示を担当した学芸員の解説と連動する形で、執筆対象となる作家と関連項目を選定していることが大きな特徴です。

11 伊那市立図書館

https://www.knowledge.pref.nagano.lg.jp/now/mezasukoto/torikumi/toshokanforum_wpl.html

長野県でのウィキペディアタウンの取り組みは、最初に主催・伊那市立伊那図書館、会場・伊那市立高遠町図書館で、2015 年 1 月 24 日、25 日に Wikipedia TOWN in INA Valley × 高遠ぶらりが行われたことに始まります。高遠ぶらりとは、古地図をスマホで閲覧できるアプリ「Stroly（Stroly.com）」です。伊那市では、このアプリによるまちあるきとウィキペディアを組み合わせた取り組みが行われています。Wikipedia TOWN × 高遠ぶらりは、古地図の情報とまちあるきを重ね合わせ、ウィキペディアタウンと地理的要素を組み合わせて行われています。続いて、第 2 回 Wikipedia TOWN in INA Valley × 高遠ぶらり および第 3 回 Wikipedia TOWN in INA Valley : Wikipedia GEO × ちずぶらり（主催：伊那市立伊那図書館、会場：伊那市立高遠町図書館）が相次いで開催され、2015 年に 6 回、2016 年に 1 回開催されています。この取り組みを嚆矢として、ウィキペディアタウンは、長野県内の各図書館の注目するところとなり、長野県では図書館主催のウィキペ

ディアタウン事業が活発に行われています。

12 県立長野図書館

https://www.knowledge.pref.nagano.lg.jp/now/mezasukoto/torikumi/toshokanforum_wpl.html

　伊那市立図書館の取り組みの刺激を受けて、県立長野図書館では「WikipediaLIB＠信州」と名前を付けたウィキペディアタウンを定期的に開催しています。「WikipediaLIB＠信州」は、県立長野図書館が開催している県内の図書館員向けのリテラシープログラムです。本プログラムでは、図書館員が情報の探索・編集・表現・共有プロセスを学ぶ内容となっています。それにより、県内の公共図書館員・学校図書館員が地域住民の「知るプロセス」に寄り添えるようになることを目指しています。さらには、ウィキペディアタウンなど、市民の学びの機会や実施プログラムを自らデザインできるようになることを目的としています。そのため、対象は図書館員で、編集対象は、ウィキペディアタウンのように地域のことを編集するのではなく、長野県内の図書館の項目を編集対象としています。一般的なウィキペディアタウンとは違って、まちあるきを行わず、開始から終了まですべてのプログラムを図書館内で進行します。図書館員向け研修という意味合いも持っていますが、一般市民の参加も可能です。

13 一般社団法人データクレイドル

https://d-cradle.or.jp/pages/about.html

　一般社団法人データクレイドルは、住み続けられるまちづくりのために、官民協働とデータ活用により、地域の課題解決・活性化、DX推進に資する人づくり、まちづくり、仕事づくりを行っている岡山県の民間事業者です。この団体はデータ利活用の視点で、WEBアプリケーション開発およびWEBサイト制作や調査分析、データ利活用にかかわる業務を行っています。

岡山県の事業を受託し、岡山県備前県民局との共催でウィキペディアタウンを複数回行っています。2017年はウィキペディアタウン＠備中路2017として、3日間にわたり、岡山県の矢掛地区、吹屋地区、玉島地区の3地域のウィキペディアタウンを行いました。このウィキペディアタウンでは講師役として、ウィキペディア街道「大山道」が協力しています。また、2018年には、ウィキペディアタウン＠備中路2018として、新見地区と総社地区にてウィキペディアタウンを行っています。こちらのウィキペディアタウンでは私たちのオープンデータ京都実践会のメンバーが講師役として協力をしています。同じく2018年には島ペディア＠備前として、日生諸島、石島、犬島、前島地区を対象に5日間にわたりウィキペディアタウンを開催しています。こちらでは講師役として、ウィキペディア街道「大山道」が協力しています。

14　ARTLOGUE

https://www.artlogue.org/node/4193

　株式会社ARTLOGUE（アートローグ）は、「アートを活かした社会問題の解決を目的として事業に取り組む「社会的企業」です」（株式会社アートローグ上記URLより引用（参照：2024年8月7日））。

　アートとウィキペディアを融合する取り組みとして、ARTLOGUEから私たちのオープンデータ実践会にお声がけをもらい、2015年4月にオープンデータ京都実践会と共催でWikipedia ARTS（第6章参照）を日本で初開催しています。続いて、2015年8月、2016年2月、2016年5月にもWikipedia ARTSを開催しています。オープンデータ京都実践会との共催によるWikipedia ARTSは全5回開催されています。

Wikipedia Town

レッスン 06　派生版ウィキペディアタウンの取り組み

　私たちはまちをテーマにしたウィキペディアタウンだけでなく、さまざまなものをテーマにした派生版ウィキペディアタウンの取り組みを行っています。ここではその取り組み事例を見ていきます。今まで説明してきた、まちあるきを中心としたものではなく、アートや文化、文化財、女性の情報格差解消を目指すものなどです。また最新の実験的取り組みであるジャパンサーチ・タウンについても述べます。いずれもオープンデータ京都実践会、もしくは Code for 山城が関わって開催してきたものです。

1　Wikipedia ARTS　アートのウィキペディアタウン

（1）Wikipedia ARTS 京都・PARASOPHIA

　2015 年 4 月 19 日に、「PARASOPHIA：京都国際現代芸術祭 2015」を対象として Wikipedia ARTS 開催しました。

　これはウィキペディアタウンの考え方を文化芸術情報に適用して、市民が地域の ARTS について調べてウィキペディアの記事にまとめ、市民参加型で芸術文化情報の発信を果たす日本初のイベン

Wikipedia ARTS の様子。右は京都市美術館（著者撮影）

トでした。

　主催は、ARTLOGUE、オープンデータ京都実践会。協力、PARASOPHIA：京都国際現代芸術祭 2015 として京都府立図書館で行いました。

　会場は京都府立図書館。午前は京都市美術館（現・京都市京セラ美術館）にて「PARASOPHIA：京都国際現代芸術祭 2015」を鑑賞したのち、午後は京都府立図書館に戻り、各グループで鑑賞した作品を作った、記述したい作家について話し合いました。その後、ベテランウィキペディアンの指導があり、6 グループにわかれて、ウィキペディア編集作業を行いました。作業は、京都府立図書館所蔵の資料を利用して、調査、引用を行い、PARASOPHIA に出展している各作家の項目についてウィキペディア文章を執筆しました。その結果、PARASOPHIA の各作家の情報をウィキペディアに記述して、より多くの人に知ってもらい、アートへの関心を高めてもらうという目的が達成できました。

　本取り組みは、その後、2015 年 8 月 30 日に大阪新美術館コレクション、2016 年 5 月 22 日に京都国立近代美術館オーダーメイドとして、それぞれの展覧会での Wikipedia ARTS も開催しています。いずれも京都府立図書館や大阪市立中央図書館の協力を得て、両館を会場として、その資料を館内利用して実施しています。

（2）Wikipedia ARTS 京都国立近代美術館 コレクションとキュレーション

2回目は、2016年5月22日に開催しました。京都国立近代美術館のコレクションを用いた展覧会「オーダーメイド：それぞれの展覧会」に合わせて、牧口千夏氏（京都国立近代美術館主任研究員）と高橋悟氏（京都市立芸術大学教授）を招いて開催しました。本取り組みには、約20名が参加しました。

Wikipedia ARTS　開催チラシ（著者撮影）

この時は事前の説明で、「Wikipedia ARTS」、京都国立近代美術館の展示「オーダーメイド：それぞれの展覧会」、京都市立芸術大学 ギャラリー＠KCUA の展示「still moving – on the terrace」に共通するキーワードとして「介入」が提示され、今回は選んだ作家のウィキペディア項目を編集するだけではなく、その作家を別のウィキペディア項目に「介入」させるという手法にて、Wikipedia ARTS を実施しました。午前中のギャラリーツアーを終えた後、午後は隣の京都府立図書館へ移動し、執筆のレクチャーを受けた後、チームにわかれて作業を行いました。京都府立図書館で揃えてくださった資料を前に、チームごとに何を書くか（概要、経歴、作品など）と、それぞれ担当を決めて作業をしました。

（3）Wikipedia ARTS 弘道館と京都の文人サロン

江戸期の文化をテーマとした本取り組みは、2016年2月6日(日)に開催し、約20名が参加しました。会場は、文化3年（1806）に儒者・皆川淇園により京都に創立された「弘道館」を現代の学問所として復興しようと、文化人や企業人が立ち上がり設立した京都市内の有斐斎弘道館です。この日は、着物や和小物を身に着けて江戸時代の文人気取りで参加することが推奨され、6名が

有斐斎弘道館で行われたイベントの様子（著者撮影）

着物を着て参加しました。

　最初に皆川淇園や淇園と交流のあった文化人について、当時の弘道館が学問所としてどのような位置づけだったなどのレクチャーを受けました。また荒廃していた弘道館の跡地へのマンション建築の動きに対して、保存運動を起こし、弘道館跡地に建っていた屋敷や庭の整備などを実施されている活動についての話や、現在ではこの場所を利用して、茶道、和歌、能に関する講座を「チャカポン（井伊直弼のあだ名。茶の湯と和歌、ポンとなる能の鼓）」という言葉を用いて開催していることなどをお話しいただきました。

　後半のウィキペディア編集では、ウィキペディア執筆レクチャーを受け、チームにわかれて作業を開始しました。京都府立図書館の関連資料をもとに編集を行い、皆川淇園、弘道館（皆川淇園）、富士谷御杖、月僊、幸野楳嶺、与謝蕪村の6点の記事に加筆しました。また弘道館の写真をコモンズにアップロードしてウィキペディア該当項目の写真を追加しました【☞**注①**】。

2　ウィキペディア文化財

　ウィキペディア文化財は、ウィキペディアタウンの枠組みをそっくりそのまま文化財情報のデジタル化や市民参加型の情報発信活動に応用していくものです。

(1) ウィキペディア文化財への期待

　奈良文化財研究所が作成しているwebサイト、全国遺跡報告総覧内に公開された文化財論文ナビ [https://sitereports.nabunken.go.jp/ja/search-article] では、文化財論文情報を登録でき、登録データはCiNii Articlesで検索・利用できます。また、記事単位の登録データにNAID（CiNii Articles内での論文のID番号）とDOI（Digital Object Identifier）を付与する仕組みが実装されています。これらを出典情報として、ウィキペディアを編集することで、ウィキペディアを入り口とした全国遺跡報告総覧の文化財資料へのアクセスを作ることができます **[図1]**。

　全国遺跡報告総覧には、書誌情報をウィキペディアの引用記述記法に則って出力するウィキペディアテンプレート出力機能があります。例えば、高森町

[図1] ウィキペディア文化財の意義
右写真：著者撮影、中央出典：by Wikimedia Foundation（CC BY-SA 3.0）https://ja.m.wikipedia.org/wiki/%E3%83%95%E3%82%A1%E3%82%A4%E3%83%AB:Wikipedia-logo-v2-es.svg、左上出典：奈良文化財研究所「全国遺跡報告総覧」https://sitereports.nabunken.go.jp/ja（参照：2024年8月7日）、左下出典：高森町教育委員会『平成26年町内遺跡発掘調査報告書』電子版（2016年）https://sitereports.nabunken.go.jp/16478（参照：2023年9月28日）

教育委員会『平成 26 年度高森町埋蔵文化財発掘調査報告書』電子版（2016年）[図2][☞注②]の引用表記欄のウィキペディア出典テンプレートを開くと、Wiki 記法に則った出典テンプレートが表示されます。この出典テンプレートをコピーして、ウィキペディア編集時にウィキペディアの出典表記法である<ref></ref> タグで囲んで、該当ページを page=** として、編集することで、

上 [図2] Wikipedia 出典テンプレート部分
下 [図3] ウィキペディア上の記述

上出典：高森町教育委員会『平成 26 年度高森町埋蔵文化財発掘調査報告書』電子版（2016 年）https://sitereports.nabunken.go.jp/ja/16478（参照：2023 年 9 月 28 日）
下出典：「高森町（長野県）」https://ja.wikipedia.org/wiki/ 高森町_(長野県)[2023 年 8 月 17 日(木)11:05 の版]

ウィキペディア記事文中に引用ができます**[図3]**（Code for 山城 2021）。出典には、DOI が表記されており、存在するものは NCID と JP 番号も紐づけられた出典を表記できます。

　全国遺跡報告総覧の出典を付けたウィキペディア記事が増えれば、検証可能性が高く、より信頼されるウィキペディア記事増加の可能性が高まります。地域住民が自らの地域の文化財遺跡報告書を読んで、その出典を明記した上で、その内容をウィキペディアに編集してもらうことで、地域の博物館、郷土資料館を情報発信拠点として、地域住民による地域の文化財情報の発信を実現できるようになるでしょう。

（2）ワークショップの開催

　このウィキペディア文化財の実践的試みとして、コロナ禍の中 2021 年 9 月 4 日に「文化財×ウィキペディア：信頼できる文化財記事作成を学ぶワークショップ」がオンラインで行われました。主催は、考古形態測定学研究会で Code for 山城が講師として協力しました。このワークショップでは、ウィキペディアのライセンスや編集方法、出典記載方法などについて学んだ上で、全国遺跡報告総覧のウィキペディア出典テンプレートを利用したウィキペディア記事編集の実践会が実施されました。当日は文化財関係者などが参加し、東京都小金井市の西之台遺跡、大阪府松原市の河合遺跡、飛騨みやがわ考古民俗館などの新規のウィキペディアページが作成されました。

　多くの参加者は事前にウィキペディアの編集対象を決定し、資料を事前に読み込み、資料を引用した文章の作成も含めた十分な準備をした上で参加していました。そのため、90 分程度の編集作業にも関わらず、多数の新規ウィキペディアページ作成を行うことができました。

　この成果は、2021 年 10 月 30、31 日にオンラインにて実施された日本情報考古学会第 45 回大会オンラインポスターセッションにおいて、「文化財× Wikipedia －地域における考古学・文化財情報発信の方法として－」として、

発表・議論されました（野口淳、青木和人、荒井翔平、高田祐一、三好清超、大矢祐司、木村聡による発表）。今後は今回の取り組みで課題として感じられた遺跡や古墳など文化財の種類ごとにウィキペディア上に記載すべき必須項目の整理とその記述方法のマニュアル化を進めていきたいと考えています。

3 女性の情報格差解消を目指すプロジェクト、WikiGap

　ウィキペディアは世界最大のオンライン百科事典であり、広範な情報が収集・共有されていますが、女性の科学者や作家などの記事が不足していたり、男性と比べて女性の功績や活動が過小評価されていたりすることがあります。WikiGap は、これらの問題を解消するため、女性に関する記事を充実させるイベントとして開催されています。

　2020 年 2 月 1 日（土）国立国会図書館関西館でウィキペディアに女性の項目を書こうという「関西館で Wikigap」イベントを開催しました。主催は Code for 山城。後援はスウェーデン大使館のもと行われました。

　当日は国立国会図書館関西館の職員を含む約 20 名が参加しました。最初に Wikigap の目的についての説明を受け、中満泉国連事務次長（当時）のビデオメッセージ、スウェーデン大使館員からの挨拶ビデオを見た後、執筆作業に入りました。ウィキペディア記事上の男女比率の国際比較について、日本は現在（2024 年 2 月 1 日時点）16 位です。「ウィキギャップ」のページでは「全世界におけるウィキペディアの人物記事のうち男性記事が 8 割を占めており、女性記事は 2 割に過ぎないという。また、全世界のウィキペディアの執筆者のうち、およそ 9 割は男性だと推定」されています【☞注③】。

　当日投稿された新規項目は以下になります。

■海外の人物
ノエラ・ポントワ　20 世紀に活躍したフランスのバレエダンサー

アリス・ハミルトン　アメリカの産業医学のパイオニア

カーラ・ヘイデン　米国議会図書館の第14代館長

ルース・ハークネス　女性探検家、アメリカに最初にパンダを持ち帰った人

スタマタ・レヴィチ　1896年のアテネオリンピックのマラソンコースを、オリンピック期間中に走破した

エレン・スワロウ・リチャーズ　水質検査基準を確立したアメリカの化学者

■日本の人物

三井殊法　三井家の遠祖

大沢豊子　明治から昭和にかけて活躍した速記者、ジャーナリスト

西尾京子　明治から大正期の助産師、保育器を発明した

阿武喜美子　日本の女性科学者の草分けの一人とされる化学者

園部マキ　京都市最初の保育園を開設した

小倉末　戦前の日本を代表するピアニスト。当初「小倉末」として立項したが項目名を変更した

秋山十三子　20世紀の随筆家

飯田しづえ　大阪府内で初めての女性市会議員（豊中市）

藤井キク　百貨店藤井大丸の創始者

岩波律子　岩波ホールの支配人

稲庭桂子　保育紙芝居の提唱者。童心社創業者。

牧瀬菊枝　昭和期の女性史研究者、生活記録運動家。当初「牧瀬　菊枝」として立項されたが姓名間の空白のない項目名に移動した

三輪田真佐子　明治から昭和にかけての教育者

千嘉代子　14代千宗室　夫人

小泉節子　小泉八雲の妻

山本佳世子（情報学者）　社会情報学者

三井礼子　女性史研究者

バーバラ・ルーシュ　日本文学の研究家

〈遠隔参加で投稿された新規記事〉
山田久米子　明治期の職業助産師

4　文化のデジタルアーカイブ化

(1)「酒ペディア＆酒マップ」（IODD2017 in 京都）

　本取り組みは地域の日本酒造りや日本酒文化にフォーカスして、ウィキペディア上にこれらの記事を増やすプロジェクトであり、日本酒文化のデジタルアーカイブ化と情報発信を目指しているものです。

　本取り組みは2017年3月4日に京都の割烹松長(まつちょう)で、行われました。主催はオープンデータ京都実践会で、参加者は25名でした。

　今回は「日本酒」がテーマでした。そのため、利き酒を楽しみながら、日本酒コンシェルジュの江口崇さんから日本酒のレクチャーを受けた後、ウィキペディアでは日本酒や酒蔵にまつわる記事の執筆、OSMでは会場周辺を散策して居酒屋やバーの情報を集めて酒マップを作りました。

　ウィキペディア・チームは、今回はまちあるきはせずに執筆にとりかかりました。全員で自己紹介をした後、記事を4つあげて、3グループにわかれて、それぞれ記事を執筆しました。今回も資料は京都府立図書館が事前に本を選ん

「酒ペディア＆酒マップ」の様子（著者撮影）

で用意くださっていたため、それらの本を調べて執筆しました。

　今回はウィキペディアンのベテラン率も比較的高めでしたが、初めての方もおられたので、まずは初めての方に執筆していただくようにしました。また、講師の江口さんがお持ちの日本酒の写真をウィキメディア・コモンズへアップロードして、記事に貼り付けることもできました。

　また、OSM・チームは、3 グループにわかれ、MapContrib という Web サービスを利用して、1 時間半程度まちあるきを行い、お店を調査して入力していきました。

　MapContrib はスマートフォンでその場でマッピングしていくため、まちあるきから戻ってデータを入力する必要があまりなく、短時間で基本的なタグを入れていく用途に合っていました。お店の登録は、全員が数カ所以上、多い方は 20 数カ所も登録されました。最後に、ウィキペディアの記事と OSM 地図の相互リンクも貼ることもされました。

　ウィキペディアでは、4 つの新規記事が作成されました。今回利き酒を楽しんだお酒のメーカー 3 つと、お酒のお米として有名な五百万石です。

■新規項目
ハクレイ酒造、北川本家、松井酒造、五百万石

　また、OSM では、烏丸御池を中心に約 100 店舗の居酒屋、バー、レストランが登録されました【☞**注④**】。

　今回の取り組みでは、1 年に 1 回のお祭りである IODD のため、普段のイベントとは異なり、日本酒をテーマにして利き酒を楽しみながら、ウィキペディア編集するというお祭りイベントとして行いました。今回は休日に、個人として参加するお祭りイベントとして、利き酒を楽しみましたが、普段は、イベント開催中に飲むようなことはしてませんので、言い訳させてください（でも楽しかった）。

（2）ウィキメディア・コモンズへの伊丹市酒造り唄のデジタルアーカイブ

　この取り組みは、公共図書館を地域情報発信拠点として、兵庫県伊丹市に残る地域文化である酒造り唄を市民参加型でウィキメディア・プロジェクトにオープンデータとしてデジタルアーカイブし、費用をかけない持続可能性の高いデジタルアーカイブを実践した事例です**［図4］**。

①酒造り唄とは

　酒造り唄は日本酒生産作業とともに唄われてきた労働歌の一種です。江戸初期に兵庫県伊丹・池田地域での造り酒屋が台頭し、江戸の大量消費のため、製造工程の分化による大量生産が進められました。桶・樽の洗い作業、米洗い作業、酛仕込み作業などの各工程で、複数の杜氏が調子を合わせて作業をするために唄われていたのが酒造り唄です。

　兵庫県伊丹・池田での丹波杜氏による酒造り唄は、元禄時代から唄われていたと推定されています**［☞注⑤］**。七七七五の都々逸調で、語呂をひっかけた連続唄であり、同一作業の繰り返し疲労を軽減し、一致した作業、作業時間の計測効果も持っています。

　これらの酒造り唄は戦後の高度成長期における木桶のホーロータンク化、生産工程の機械化により消滅してしまいました。このため、当時の記憶を残す人材が絶えてしまう前に伊丹・池田地域では、丹波流酒造り唄保存会が酒造り唄の保存活動を行っています。

②データデジタルアーカイブ

　2017年10月5日、丹波流酒造り保存会により、伊丹市立図書館ことば蔵にて、尺八を伴奏として、伊丹の秋洗い唄、伊丹のもとすり唄、伊丹のもとかき唄が披露されました。そこで録音された酒造り唄の音源を伊丹市立図書館ことば蔵における市民活動「いたみアーカイ部」がウィキメディア・コモンズにアップロードし、歌詞をウィキソースにアップロードすることにより、オープンデータデジタルアーカイブが実現しました。

　まず、ウィキペディアの酒造り唄項目に、ウィキメディア・コモンズの音源

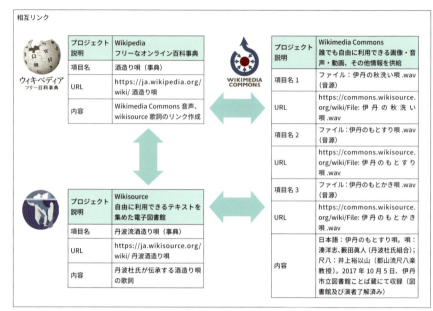

[図4] 酒造り唄のオープンデジタルアーカイブの実現フロー

左上出典：by Wikimedia Foundation（CC BY-SA 3.0）、左下出典：by Nicholas Moreaur（CC BY-SA 3.0） https://commons.wikimedia.org/wiki/File:Wikisource-logo.svg、右上出典：by Wikimedia Foundation （CC BY-SA 3.0）https://commons.wikimedia.org/wiki/File:Commons-logo-en.svg

へのリンク、歌詞を書いたウィキソースの歌詞のリンクを作成しました。そして、ウィキメディア・コモンズ、ウィキソース両方に相互リンクを作成して、ウィキメディア・プロジェクト群でのオープンデータデジタルアーカイブを実現しています。

③著作権処理の方法

　今回の実践では著作権処理が課題となりました。オープンデータプラットフォームであるウィキメディア・コモンズではファイルアップロードの際に、著作権を持つ全員が自分の作品をオープンデータとして公開する旨を許諾することが必要です。今回は酒造り唄の作詞者、作曲者、歌唱者、尺八演者、記録者の5名が対象です。まず、作詞者、作曲者は元禄期の人物であるため、著作権切れと推定されました。記録者が許諾の上、ファイルアップロードを行っ

たため、記録者も問題はありませんでした。残りの歌唱者、演者の許諾が問題となり、両者が公開の場で許諾を表明する必要がありました。表明方法は、例えば自身の Web サイトなどで表明し、URL リンクを表示するなどの手法が考えられますが、IT スキルの問題から現実的には困難でした。

そこで今回は、ウィキメディア・プロジェクトにおける OTRS（Open-source Ticket Request System）で著作権処理の確認を行いました。OTRS とは、ウィキメディア・プロジェクトに一般から寄せられる質問、苦情、意見などに信頼のあるボランティアが対応するシステムです【☞**注⑥**】。

今回の場合は、歌唱者、尺八演者が、
（1）フリーなライセンスを付与する許諾権限を持っているか
（2）許諾を明確に宣言しているか
（3）許諾とそれによる結果を理解しているか

について、OTRS ボランティアが伊丹市立図書館ことば蔵と email にて確認を行いました。上記 3 点を歌唱者、尺八演者が了解している旨を公的機関である伊丹市立図書館ことば蔵が確認、連絡の上で、ウィキメディア・コモンズ上に「2017 年 10 月 5 日、伊丹市立図書館ことば蔵にて収録（図書館および演者了解済み）」を表示した上で登録を実現しました。しかし、今回の手法は緊急回避的手法で、OTRS ボランティアへ負担を強いるものでした。明確な許諾が確認できる許諾文書様式の作成など、手法の確立が今後の課題であることがわかりました。

5　既存のデジタルアーカイブと連携する

（1）2020UDC 京都 in NDL 関西館　アイデアソン・ハッカソン

オープンデータを用いた地域課題解決コンテストであるアーバンデータチャレンジ（UDC）の地域拠点の一つ、UDC 京都府ブロックと、Code for 山城は、関西学研都市にて新しい取り組みを行っています。2019 年、国立国会図書館

(NDL)との共催で、地方公共団体のオープンデータや、NDLなどが公開する国内の美術館・図書館・公文書館・博物館（GLAM）分野のデータを用いたアイデアソンを2019年11月9日に、ハッカソンを2019年12月7日に、国立国会図書館関西館を会場として行いました。その結果、NDLのレファレンス協同データベースのAPIを使ったアプリ「あっち こっち れはっち！」が作成され、UDCの国立国会図書館賞を受賞しました[https://current.ndl.go.jp/car/42433]。

（2）ジャパンサーチ・タウン vol.1、vol.2

　2020年度は、8月にさまざまなデジタルアーカイブを連携して利用できるジャパンサーチ[https://jpsearch.go.jp/]が正式公開されたことから、国立国会図書館との共催により、日本初となるジャパンサーチを用いた市民活用イベント「ジャパンサーチ・タウン」のvol.1を10月31日、vol.2を12月5日と2日間、コロナ禍を考慮してオンラインで開催しました。ジャパンサーチ・タウンでは、地域活性化のため、ジャパンサーチが連携するGLAMデータの、地域に関連するデジタルアーカイブをキュレーションした作品やアプリケーション作品が、市民主体で作成されました。

①ジャパンサーチ・タウンの様子

　vol.1には、けいはんな学研都市（けいはんな地域）の住民や、オンラインイベントの長所を生かして、全国各地からの企業・行政・図書館関係者、大学院生・大学生など約30人が集まりました。午前は天理大学教授の古賀崇氏によるジャパンサーチの教育・学習面への期待・要望に関する講演の後、ゼノン・リミテッド・パートナーズの神崎正英氏によるAPI（SPARQLエンドポイント）の解説と、ジャパンサーチのコンテンツをキュレーションするワークスペース機能の紹介がありました。午後は、参加者のチームビルディングを行い、4つのチームが編成されました。各チームではコンテンツのキュレーションテーマやAPIを使用したアプリケーションのアイデアを出し合いました。

オンラインでの様子

写真：著者撮影、絵画出典：ColBase（https://colbase.nich.go.jp/）より東京国立博物館所蔵・狩野元信筆『商山四皓・竹林七賢図屏風』（参照：2020年12月5日）をジャパンサーチにて表示

　vol.2では、各アイデアをチームとしてブラッシュアップし、終日、ジャパンサーチのワークスペース機能によるキュレーション作品の作成やAPI利用によるアプリケーションの開発が行われました。最後に各チームの発表にて成果が披露されました。

②各チームの成果

[COVID-19チーム]

　結核・天然痘・コレラ・ペストなどといった感染症に関する資料のキュレーションを通じて、さまざまな時代・地域の人々の様相と現代社会の比較を試みたキュレーション作品やCOVID-19の流行に伴う公共図書館の休館に関する資料を集めた作品が紹介されました。

[竹チーム]［図5］

　「けいはんな・かんさい『竹』風土記」と題して、けいはんな地域における工業、食、工芸、民話、イベントと竹との関係を、ジャパンサーチのワークスペース機能を使用し、美術・工芸品、映像資料などを通じて紹介するキュレーション作品が紹介されました。

[偉人チーム]［図6］

　「けいはんな学研都市先人の足跡」と題して、けいはんな地域の先人である「橘諸兄」に関する情報がキュレーションされました。ジャパンサーチのデータだけでなく、vol.1とvol.2の間にチームメンバーが独自に、現地視察や関西館

［図5］2020 アーバンデータチャレンジ京都：ジャパンサーチ・タウン竹チーム：
UDC2020 応募作品『竹とけいはんな』

出典：「2020 アーバンデータチャレンジ京都：ジャパンサーチ・タウン」https://lab.ndl.go.jp/event/udc2020/（参照：2024 年 8 月 7 日）掲載「当日の成果の概要」より

［図6］2020 アーバンデータチャレンジ京都：ジャパンサーチ・タウン偉人チーム：
UDC2020 応募作品「けいはんな学研都市先人の足跡」
出典：同前

などでの文献調査を行い、撮影した写真を用いてウィキペディアの新規記事の作成や既存の記事の加筆を行いました。また、「uMap」（地図の表示や作成を行えるオープンソースのウェブサービス）を使用した地図やワークスペース機能による年譜も合わせたキュレーション作品が作成されました。

[API開発チーム]

SPARQL APIを使用して美術品などのサムネイル画像を取得し、作者・年代・所蔵機関などの共通点を持つ資料の組み合わせを神経衰弱の要領で探しながら学習するゲームアプリのデモンストレーション版を開発しました。

③ジャパンサーチ・タウンの意義

地域課題解決のため、地域に関連するデジタルアーカイブを市民主体でまとめるツールとしてジャパンサーチを市民活用することができました。その成果は、国立国会図書館において、ジャパンサーチの教育、学術・研究における成果とともに、地域活性化事例として評価されました【☞注⑦】。

特にコロナ禍でリアルなイベント開催が難しい状況の中、特に国立国会図書館関西館周辺のけいはんな地域に関心を寄せる市民を主体としつつ、他にも多様な参加者が全国各地からオンラインで集まり、地域に関連するコンテンツを作成することができました。

特にコロナ禍の中、今回これが実現できたのは、さまざまな機関のデジタルアーカイブコンテンツをオンライン上で閲覧・利用可能なジャパンサーチが公開されたからこそでした。

今回の取り組みは「ジャパンサーチ・タウン」という名称を冠した日本初のイベントとして、その在り方を模索した企画でした。ジャパンサーチをいわば砂場として、ジャパンサーチコンテンツ、その他GLAMデータや行政オープンデータという砂を、ウィキペディアやuMapのようなツール、いわばスコップや熊手で、掘り返し、自由に組み合わせ、多様な人材が新しいキュレーション作品を創り出すという新たな挑戦でもありました。

この活動を通じて、新たなコミュニティが形成され、イベント後には、各個

人の地域活動へとつながっていくものともなりました。これにより、ジャパンサーチのコンテンツを既存概念だけに留めることなく、自由な形に造形し、それを通じてバーチャルな「タウン」が形成されるという、ジャパンサーチ・タウンの一つのモデルを作ることができたと考えています。

　この成果をふまえてオンラインでのジャパンサーチ・タウンを各地で開催し、地域コンテンツをキュレーションすることで、全国を大いに盛り上げていきたいと考えています。

☞ **注**

① 是住久美子「Wikipedia ARTS 弘道館と京都の文人サロンを開催しました」（オープンデータ京都実践会）[2016 年 5 月 24 日] https://opendatakyoto.wordpress.com/2016/05/24/wikipedia-arts-弘道館と京都の文人サロンを開催しました。/（参照：2024 年 8 月 7 日）。

② 2024 年 8 月 7 日現在、『平成 26 年度高森町埋蔵文化財発掘調査報告書』から、『町内遺跡発掘調査報告書』へと書名が変更されている。

③ 「ウィキギャップ」https://ja.wikipedia.org/wiki/ウィキギャップ[2024 年 2 月 9 日（金）14:29 の版]。

④ 榎真治「インターナショナルオープンデータディ 2017 in 京都を開催しました！」（オープンデータ京都実践会）[2017 年 3 月 15 日] https://opendatakyoto.wordpress.com/2017/03/15/インターナショナルオープンデータディ 2017-in-京都-を/（参照：2024 年 8 月 7 日）。

⑤ 蔭山公雄「酒造り唄」（『日本醸造協會雑誌』75 巻 3 号、1980 年）。

⑥ 「Wikipedia:OTRS」https://ja.wikipedia.org/wiki/Wikipedia:OTRS [2021 年 9 月 3 日（金）21:08 の版]。2021 年以降は、問い合わせツールの名前が「VRT」に変更された。現在のシステムは、「問い合わせ対応ボランティアチーム」https://ja.wikipedia.org/wiki/Wikipedia:問い合わせ対応ボランティアチーム [2023 年 10 月 21 日（土）22:32 の版]。

⑦ 国立国会図書館「ジャパンサーチ正式版公開後の状況報告」（デジタルアーカイブ WG 国立国会図書館説明資料 2、2020 年 10 月 29 日）https://www.kantei.go.jp/jp/singi/titeki2/digitalarchive_suisiniinkai/zentaiwg/dai1/siryou2.pdf（参照：2024 年 8 月 7 日）。

【付記】

4 文化のデジタルアーカイブ化、(2) ウィキメディア・コモンズへの伊丹市酒造り唄のデジタルアーカイブは、青木和人、Miya.M、三鼓由希子「[B24] Wikimedia Commons への伊丹市酒造り唄の市民参加型オープンデータデジタルアーカイブ」(『デジタルアーカイブ学会誌』電子版、Vol.3, No.2、2019 年 3 月) https://www.jstage.jst.go.jp/article/jsda/3/2/3_187/_pdf/-char/ja に基づき、修正・加筆を加えたものです。

Wikipedia Town

レッスン 07 ウィキペディアタウン開催ノウハウ

　本章では、自分たちの地域でウィキペディアタウンを開催したいと考えている方々に、どのようにしてウィキペディアタウンを開催したらよいのかについてお話しします。当日のタイムスケジュールや、広報の仕方、など具体的に説明します。

1　声のあげ方、依頼の仕方

（1）まずウィキペディアタウンをやりたいと声に出す

　是非、自分のまちでもウィキペディアタウンをやってみたいと思ったら、「やりたい！」とまずは声に出してみましょう。ウィキペディアタウンをやりたいと思うあなたの周りには、必ずそのような活動に興味を持つ人がいるはずです。そのような人にウィキペディアタウンってこういうものだと説明してみましょう。

　誰も賛同してくれなくても、ウィキペディアタウンをやるために、お金はほとんどかかりません。なので1人で無一文からでも、やることができます。仲間が集まらないからできないということはありません。まずは自分1人でも動き始めてみましょう。

（2）公共図書館に協力依頼をしてみる

　次に自分の住んでいるまち、やってみたいと思うまちの公共図書館の方で

ウィキペディアタウンに興味がある方がいないか探してみましょう。

　図書館に知り合いがいないという方はウィキペディアタウンコミュニティに相談してみてください【☞**注①**】。公共図書館での市民参加の新しい取り組みに積極的な図書館員さんを紹介してくれます。図書館として協力してもらえないか相談してみましょう。

　法人格のないNPOや市民団体には協力できないと断られたりすることもあるかもしれませんが、次は近隣の図書館に声をかけてみるなど、軽い心持ちで続けましょう。

　同じ地方自治体でも都道府県、市区町村などさまざまな違いがあります。同じ市と言っても、人口規模も大きく違いますし、都市部にあるのか地方にあるのかによっても、ウィキペディアタウンという新しい取り組みについての理解があるかどうかは千差万別です。

　外から来た方に広く門戸を開けて、共にまちを作っていこうという気風のある市区町村もあれば、そうではない市区町村もあります。さらには、単にその時、たまたま相談した人が新しい取り組みに消極的な人だっただけの場合もあったりします。

　なので、声をかける時には、できるだけまちづくりの取り組みについて興味を持っていたり実践している人を事前にリサーチして声をかけてみましょう。先に行政のまちづくり部署へ相談して、そこから図書館へ話をしてもらう方法でもよいでしょう。もし断られたら、「じゃあ次は、隣まちの図書館に声をかけてみるか！」というような心持ちでやってみましょう。

　とはいえ、断られると落ち込むものです。最後に著者の経験から、みなさんに秘訣をお伝えしましょう。それは、やりたい自治体を最初に決め打ちしてしまうのではなく、協力してくれる人を先に探して、その人たちがいる自治体を実施地域にする方法です。

　それであれば、まず仲間ができるので、行政の協力が仮に得られなくても、自分たち、市民だけでウィキペディアタウンを行うことができます。

レッスン **07** ウィキペディアタウン開催ノウハウ

(3) 1人でもできる！

　もし仮に誰も賛同してくれなくても、落ち込まないでください。ウィキペディアタウンを開催するために仲間が必要なわけではありません。

　公共図書館や行政、地域団体の協力が得られれば、よりよいウィキペディアタウンができると思いますが、誰も協力してくれなくても、1人でまちあるきして、図書館の地域資料を使って、地域のウィキペディア項目を記述することは1人でもできます。ウィキペディアタウンはあなた1人だけでもできるのです。

　「1人ウィキペディアタウン」も立派なウィキペディア活動です。

　そんな活動を続けていけば、いつしか、あなたの周りに人が集まってくれるはずです。

2　開催できるフィールドが決定したら

　幸いにも協力者が見つかって、みんなでウィキペディアタウンをまずはやってみようとなったら、ウィキペディアタウンを開催できるフィールドは決定です。次に行うのがウィキペディアタウンで記述する項目の選定と、まちあるきのルート選定です。ここからいよいよ開催の準備が始まります。

(1) ベテランウィキペディアンに協力依頼をしよう

　ウィキペディアには長い時間をかけてウィキペディアコミュニティの参加者が苦労して作りあげてきた独自のルールがあります。第1章で説明したウィキペディアの基本原則や三大方針、ガイドラインなどのルールに基づいた一定水準の記事を投稿しないと、コミュニティの議論を経て、作成した記事が削除されてしまう可能性もあります。そのようなことが起こらないように、必ず、ウィキペディアルールに精通したベテランウィキペディアンに、企画段階から、当日のウィキペディアタウンまで参加してもらい、ルールに基づいた一定水準の記事を投稿できるウィキペディアタウンを開催しましょう。

当日のウィキペディア編集時に、簡単なマークアップや写真のアップロードの手助け、ウィキペディアの説明など、各地域の経験あるベテランウィキペディアンのサポートが得られれば、大きな助けとなります。ウィキペディアタウンの試みに関心を持つ人、参加してみる気持ちのあるウィキペディアンが、ウィキペディアの「プロジェクト：アウトリーチ / ウィキペディアタウン」の項目の最下段「プロジェクト協力者」に名乗りをあげています **[図 1]**。ウィキペディアタウンを開催する際には、彼らのウィキペディア作成記事の経歴やウィキペディアへの参加履歴などを確認して、開催する場所の近くで協力をしてもらえるような方を探してみて、ウィキペディアを経由して協力を依頼しましょう [☞ **注②**]。

> **プロジェクト協力者** ［編集］
>
> 簡単なマークアップや写真のアップロードの手助け、ウィキペディアの説明など、各地域の経験あるウィキペディアンのサポートが必要です。ウィキペディアタウンの試みに関心を持つ人、参加してみる気持ちのある人は、以下に署名を追加してください。
>
> - Akaniji（会話）
> - Ks aka 98（会話）
> - 海獺（会話）
> - Masao（会話）
> - さかおり（会話）
> - Araisyohei（会話・メール）：日程を早めにご相談いただければ、全国各地にお伺いしています。徳島県などウィキペディアタウンの企画から連続開催までお手伝いしたこともあります。
> - Asturio Cantabrio（会話）：関西・東海。たまにオープンデータ京都実践会のイベントに参加しています。
> - Swanee（会話）
> - Halowand（会話）
> - Hinayoshi（会話）
> - Loasa（会話）　神奈川県周辺のイベントであれば協力したいと思います。
> - Vigorous action（Ｔａｌｋ/History）：関西圏・オープンデータ京都実践会のイベントに参加しています。
> - Arisen（会話）
> - Takot: 北陸三県 (福井・石川・富山) のイベント、ときどき京都や東京のイベントにも参加しています。
> - ふむ（会話）
> - 漱石の猫（会話）　：edit Tango所属。地元開催のほか、ときどき他地域のイベントにも参加しています。
> - 阿波志（会話）
> - DecKeYE（会話）：北海道函館市で活動中。Wikipediaタウン函館の主催メンバーの一人です。道南圏でしたらスタッフとしてお手伝いできるかと思います。説明やレクチャー関係は修行中。（求む説明者。）
> - Bletilla（会話）
> - SG-Sak（会話）

[図 1]「プロジェクト : アウトリーチ / ウィキペディアタウン # プロジェクト協力者」
出典：https://ja.wikipedia.org/wiki/プロジェクト:アウトリーチ/ウィキペディアタウン#プロジェクト協力者
［2023 年 8 月 12 日（土）11:58 の版］

（2）行政、地域団体、市民との連携

　まちあるきに際しては、これまで地域で活動してこられた歴史・まちづくり団体やボランティアガイドと協働してウィキペディアタウンを開催しましょう。その辺りは自治体のまちづくり担当部署に相談して、紹介してもらうとよいです。さらに、地域の IT サポーターのような方々の協力を得られるとパソコンの苦手な参加者へのサポートをしていただけるので助かります。また、パソコンを使うとなると尻込みしてしまう高齢者の方もおられますが、パソコンが苦手な高齢の方でも、写真撮影が趣味で得意という方もいます。まちあるきでの写真撮影や、これまで撮りためた地域の写真を提供いただくような参加の仕方もあります。あるいは、まちあるきで地域の昔の話をしていただくだけでも十分です。パソコンを使ったウィキペディア執筆だけがウィキペディアタウンではないのです。地域のいろんな方々と一緒にウィキペディアタウンを行いましょう。

（3）対象フィールドがウィキペディアにどれくらい書かれているか

　最初に対象フィールド、すなわち対象市町村の歴史文化に関するウィキペディア項目がどのくらい書かれているのか調べてみましょう。地域の人がよく知っている寺社仏閣や文化財がまだウィキペディアに項目として書かれていなければ幸いです。地域のみんなが知っている項目がウィキペディアに書かれていないということは、ウィキペディアに書ける項目があるということです。

　また、すでに項目が書かれているからと言って残念がることはありません。書きたいと思う項目が、すでにウィキペディアに書かれている場合、それらの内容を検証してみることもおすすめです。するとまだウィキペディアに書かれていない内容がたくさんあることに気がつくはずです。それらの内容をウィキペディアに記述すればよいのです。その地域をよく知っている人ならではの観点でウィキペディア記事を読んで、地域の人ならみんな知っていることが書かれていないものを探してみましょう。

（4）図書館に地域資料がどの程度あるのか

　次にその書きたいと思う項目や内容について、公共図書館にその地域資料がどのくらい存在しているのかを確認しましょう。この時には公共図書館の司書がレファレンスサービスとして、その作業を手伝ってくれるはずです。

　地域の人みんなが知っているようなことについての文献資料がほとんど存在しない、もしくは資料に書かれていないこともおそらくあるはずです。この場合、ウィキペディアは資料をもとに記述するということなので、残念ながらウィキペディアに書くことはできません。でも、書籍や論文などにはなくても、新聞記事には書いてあるかもしれません。新聞記事データベースも活用してみましょう。

（5）当日のウィキペディアタウンのスケジュールを考える

　当日のスケジュールは、午前はまちあるき、午後は文献調査とウィキペディア記述のスケジュールとするのがよいでしょう（スケジュールは P108 を参考してください）。

　私たちが普段行っているウィキペディアタウンのスケジュールは、社会人の方も参加しやすい土曜日もしくは日曜日の午前 10 時スタートとしています。

　最初にウィキペディアタウンとはどういうものなのか、今日は具体的にどういうことをするのかという概要の説明をオープニングとして 20 分程度します。そして、その後にまちあるきに出発します。

　おおむね 1 時間半程度でウィキペディアタウンに書きたい項目に関する地域の名所旧跡などを歩きます。歴史・まちづくり団体やガイドの方には、午前中にまちあるきを終えて、午後からウィキペディアの編集作業に入らなければならないということを説明した上で、まちあるきは 12 時過ぎには終わるようにしましょう（団体やガイドの方は、その地域への思い入れが強いので、しばしば説明が長くなってしまうことがあります。そのことはとてもありがたく、地域の方とのコミュニケーションはウィキペディアの意義の一つでもありますが、

予定が遅れることのないように団体の方と事前に打ち合わせをしましょう)。

　12時でまちあるきを終了するのはよい時間設定だと考えています。どうしても時間が押すことが多いのですが、12時30分までには終了して、お昼休みに入るようにしましょう。

　お昼休みは1時間程度確保することがよいです。参加された方々は、お互い初めて会う方々も多いです。できれば一緒に昼食をとるとよいです。たくさんの人数でも入れるような店を事前に予約するか、弁当を手配して会場で食べられるようにするなどしましょう。お昼休みの時間に各参加者が少しでも交流できる仕組みを取り入れると、午後のウィキペディアタウン執筆の際にコミュニケーションがスムーズにすすみます。

(6) 午前中のまちあるきルートを選定する

　ウィキペディアに編集する記事と当日のスケジュールが決定したら、次にルートを検討しましょう。歩き時間は1時間30分程度としたので、ウィキペディアに記述する項目に絞ってルート設定をするとよいでしょう。是非、団体やガイドの方とも相談しながら選定しましょう。

(7) 訪問する場所への事前連絡

　ルートが決まったら、当日の何時ぐらいに何人ぐらいで訪問させてもらいますということを事前に見て回る寺社仏閣、名所旧跡の管理者などに話しておきましょう。突然、大人数で押しかけると戸惑われたり見学を断られる可能性もあります。ウィキペディアタウンという活動の趣旨や目的も併せてお話ししておくとよいでしょう。

　事前に連絡すると、普段は見せてくれないようなところも見せていただけるように配慮していただける可能性もあります。ただし管理者によっては、「自分のところのことをウィキペディアに書かないでほしい」とおっしゃる方もいると思います。地域の文化財情報がインターネット上に掲載されることによっ

て仏像が盗難されるなどの事件も起こっています。その際はその管理者の方の趣旨を理解し尊重して、記事を書くことはやめましょう。ですが、落ち込むことはありません。地域にはウィキペディアに書ける、まだみんなに知られていない事物がたくさんあります。

（8）午後のウィキペディア編集会場を手配する

　次に、ウィキペディアを編集する会場を手配します。公共図書館の会議室などを貸してもらえれば、図書館の地域資料を館内利用でき、貸し出し禁止の辞典類も使うことができます。しかし、そのような場所がある図書館は少ないのが現状です。

　図書館が利用できない場合には、公民館や行政が運営している貸し出し施設などを利用するのがよいです。文化センターや福祉センターなど、図書館に併設されている行政施設の貸し出し会場なら、館内利用の取り扱いにしてくれる可能性もあります。ダメもとで相談してみましょう。民間の貸し出し施設は賃貸料が高いので、ボランタリーベースでやるウィキペディアタウンには、会場費用の捻出面で厳しいところがあります。また、会場は行政施設だけとは限りません。地域のお寺の部屋を貸してもらって実施したこともあります。

（9）イベントを実施する主催者、共催、協力者を確定する

　ウィキペディアタウンを主催するのがあなた自身、もしくはあなたが作成した任意団体にするのか、図書館が主催するのかを相談して決めましょう。

　ただし、図書館が主催するとなると図書館の年間計画等に基づいて実施する必要が出てきたりします。行政は事前に次年度の年間計画を立て、それに基づいた予算措置を講じた上で、行う事業を決定します。そのため、図書館が主催するウィキペディアタウンは開催するまでに時間がかかります。図書館側に共催という形で入ってもらう形もありますが、共催も主催者の1人になるという位置づけになるので、主催と同じくハードルが高くなります。まずは主催は

あなた自身、もしくはあなたが主催する任意団体などで開催し、図書館に「協力」という形が始めやすいと思います。

　また、後援をしてもらう方法もあります。行政の場合には、後援申請書という様式がありますので、この様式に基づいて申請を行い行政の後援をしてもらうようにしましょう。ただし、後援も法人格のない任意団体では認められないと言われることもあります。

　そのため、図書館側には協力という形で入ってもらい、会場の提供や司書さんのレファレンスサービスの提供などをお願いできるようにするのがよいでしょう。一般的に行政の協力体制をとる際には以下のような図の取り扱い難易度になると思われます。

　手続きがいろいろと難しいこともありますが、できるだけ行政の正式な協力手続きを取っておくことが望ましいです。つまり主催者である私が勝手に主催しているだけではなく、公共図書館を含めた行政も認めているという位置づけにしておくと、ウィキペディアタウンの活動自体が世間の人に認めてもらいやすくなります。また、初めての方でも安心して参加できるでしょう。是非このような手続きを取ることも試みてみましょう。

（10）参加者募集の広報活動

　ウィキペディアタウンを実施するための下準備は完了しました。図書館が主催する場合には図書館側で広報や当日の申し込み者の受付などはしてくれるはずですが、自らが主催する場合には、広報活動や申し込みの受付活動なども自分たちでする必要があります。次に当日の参加者を募る方法や募集案内、申し

込み方法などを紹介します。

①広報、募集 Web ページを作る

基本的にはイベントの告知はインターネットを利用すれば、費用を全くかけずに行うことができます。ここに主催者が誰で、共催者、協力者、後援者が誰なのかを明記します。きちんと書いておくことによってウィキペディアタウンの信頼性を高めることができます。

私たちは普段、イベントの告知と募集受付をインターネット上のイベント案内サービスを利用しています。その代表的なものをいくつかあげておきます。

○ peatix
https://services.peatix.com/

無料でイベント案内を作れます。参加者募集もこのページで受付することができます。応募者には一斉連絡メールを送れるなどの機能もあります。

○ connpass
https://connpass.com/dashboard/

こちらも無料でイベント案内を作れます。参加者募集もこのページで受付することができます。応募者には参加受付時にアンケートに答えてもらうなどのアンケート作成機能もあります。

○ Doorkeeper
https://www.doorkeeper.jp/

こちらも上記 2 つと同様のことが

peatix

connpass

できます。以前はこのサービスをよく使っていたのですが、2024年現在は有料サービスとなってしまいました。

　私たちがこちらのページを使って告知した過去のイベントのURLをご紹介します。自分たちでイベントを立てる時の参考にしてみてください。

　〇 Wikipedia Town in 関西館
　2015-07-03（金）10:00 - 17:00
　https://b8cabba65bcf97631ab2ef81fd.doorkeeper.jp/events/26560
　〇第2回　精華町ウィキペディア・タウン
　2016-02-14（日）10:00 - 16:45
　https://b8cabba65bcf97631ab2ef81fd.doorkeeper.jp/events/37574

②イベント告知参考例
　以下に、私たちの第2回精華町ウィキペディア・タウンの際に、ページを使って告知した内容を掲載します。自分たちでイベントを立てる時の参考にしてみてください（以下掲載のイベント情報・アンケート・URL等は開催当時のものです）。

第2回　精華町ウィキペディア・タウン
(平成27年度京都府地域力再生プロジェクト支援事業)
平成28年2月14日（日）10時00分から16時45分まで

　みなさん、インターネット百科事典ウィキペディアをご覧になられたことがありますか？
http://ja.wikipedia.org/wiki/%E3%83%A1%E3%82%A4%E3%83%B3%E3%83%9A%E3%83%BC%E3%82%B8

インターネットの検索サイトから多くの方がご覧になられたことがあるのではないでしょうか？

　でも、ウィキペディアは無料で見るだけだはなくて、誰もが自由に編集に参加して、ウィキペディアに書き加えていくことができるんですよ。

　市民のICT技術を使って地域を元気にすることを目指すCode for 山城では、歴史的・文化的資産あふれる精華町をまちあるきして、その情報をみんなでウィキペディアに記述するイベント、平成27年度京都府地域力再生プロジェクト支援事業「第2回　精華町ウィキペディア・タウン」を行います。

　精華町のまちを歩いて、精華町の歴史・文化情報を学びながら、みんなでウィキペディアに精華町の歴史・文化情報を書いてみませんか？

　地域の魅力情報をインターネットを通じて世界に発信し、その情報をオープンデータとして二次利用してもらって、地域情報の流通で地域を元気にすることを目指します。

　みなさんのご参加をお待ちしております。

平成27年度京都府地域力再生プロジェクト支援事業
第2回　精華町ウィキペディア・タウン
日時：平成28年2月14日（日）10時00分から16時45分まで
場所：精華町立図書館
所在地：〒619-0243 京都府相楽郡精華町大字南稲八妻小字北尻70
電話番号：0774-95-1911
ホームページ：http://www.town.seika.kyoto.jp/library/
参加者：精華町民、一般市民、自治体関係者、企業関係者、大学・教育機関関係者
定員：50名程度
参加費：無料
主催：Code for 山城（平成27年度京都府地域力再生プロジェクト支援事業

受託団体）
後援：精華町、精華町教育委員会
協力：精華町シルバー人材センター「ふるさと案内人の会」、精華町せいか地域ITサポーター「ITゆう」

【プログラム】
【午前　まちあるき】
10:00〜10:15・ウィキペディアタウンの趣旨説明
10:15〜10:30・ウィキペディアの概要
10:30〜12:00・まちあるき
・「ふるさと案内人の会」のご案内により、精華町をまちあるきします。
12:00〜13:30 昼休み休憩

【午後　精華町立図書館　1F集会室にてウィキペディア編集作業】
13:30〜13:40 精華町立図書館の使い方・地域情報の調べ方
13:40〜14:10 ウィキペディアの編集、アップロード方法の説明
14:10〜16:20 ウィキペディアの編集、アップロード作業
16:20〜16:35 成果発表
16:35〜16:45 閉会あいさつ、写真撮影、アンケートのお願い

　昨年行われました第1回　精華町ウィキペディア・タウンの内容はこちらをご覧ください。
https://ujigis.wordpress.com/2015/04/07/01seika-ウィキペディアタウン/

持ち物など
・天候、気候に応じた歩きやすい服装、運動靴、雨具など

日中、2時間程度まちあるきを行います。防寒対策をお願いいたします。
お昼は新祝園駅周辺にて、各自お取りください。駅前には飲食店、またはスーパーマーケットなどがあります。

・パソコン

作業はパソコンとインターネットを通じて行います。各自パソコンをご持参ください。ない方もタブレット端末やスマホ、まちあるきと見学だけでも結構です。

・Wi-Fi ルーター

会場には Wi-Fi も用意いたしますが、Wi-Fi ルーターお持ちであれば、ご持参ください。

・ウィキペディアアカウント取得

事前にウィキペディアのアカウント作成をしてもらった上で、当日参加いただきますようお願いします。

https://ja.wikipedia.org/w/index.php?title=%E7%89%B9%E5%88%A5:%E3%83%AD%E3%82%B0%E3%82%A4%E3%83%B3&returnto=%E3%83%A1%E3%82%A4%E3%83%B3%E3%83%9A%E3%83%BC%E3%82%B8&type=signup

上記から各自登録をお願いします。

会場で当日、同じネットワーク IP から多数のアカウント登録を行うと怪しまれてアカウント作成に制約がかかる可能性があります。

・デジカメ／スマートフォンのカメラ
・昔の精華町の風景を撮影した写真

パソコン作業はあまり得意でないので、作業ができるかどうか不安な方も、ご安心ください。「ウィキメディア・コモンズ」への画像登録なら簡単です。お家に昔の精華町の風景を撮影した写真などありましたら、是非、お持ちください。

この写真やまちあるきの途中で撮影した精華町の写真をアップロードする

ことで、精華町の風景を世界中から見てもらえるようになります。現地調査で撮影した現地の写真の画像登録であれば、とっても簡単ですので、デジタルカメラをご持参いただき、写真を撮影しましょう。ご家族で来ていただいて、こどもたちに登録してもらってもいいですねー。

「ウィキメディア・コモンズ」は、ウィキペディアと同じウィキメディア財団による姉妹プロジェクトで、誰でも自由に利用できる画像・音声・動画、その他あらゆる情報を包括し供給することを目的とするプロジェクトです。
http://commons.wikimedia.org/wiki/%E3%83%A1%E3%82%A4%E3%83%B3%E3%83%9A%E3%83%BC%E3%82%B8

・電源テーブルタップ
・筆記具

参考資料

・ウィキペディアのアカウントの作り方
　http://blog.halpas.com/archives/4261
・ウィキペディアって何？京都市版（Miya.m 講師）
　http://www.slideshare.net/muhmiya/ss-44910981
・ウィキペディアを執筆しよう（Miya.m 講師）
　http://www.slideshare.net/muhmiya/ ウィキペディア 20140710
・コモンズへ投稿しよう（Miya.m 講師）
　http://www.slideshare.net/muhmiya/ss-44911094
・精華町のウィキペディアページ
　http://ja.wikipedia.org/wiki/%E7%B2%BE%E8%8F%AF%E7%94%BA

これまで京都市で行われてきた「ウィキペディア・タウン」の取り組みは、以下をご覧ください。
・京都まちあるきオープンデータソン 2014 vol.1 が行われました！

http://urx2.nu/eCGe
- 「インターナショナルオープンデータデイ 2014 in 京都が行われました。」/ "2014 年 2 月 - うじじす＠オープンデータ event ブログ"
http://blog.goo.ne.jp/kazu013057/d/20140225
- 日経新聞 Web サイト　オープンデータ情報ポータル
地域の独自色前面に　オープンデータデイ開催：オープンデータ情報ポータル：http://opendata.nikkei.co.jp/article/201402223645316730/
- インターナショナルオープンデータデイ 2014 in 京都　プレイベントが行われました！
http://blog.goo.ne.jp/kazu013057/e/9d9a5d859fb00f736e01f3e7134316d3#

オープンデータとは

　オープンデータとは、政府、自治体、公共機関などが保有する大量の情報を公開し、インターネットを通じて誰もが無料でアクセスしてダウンロードして利用でき、自由に再利用・再配布することができるデータのことです
　民間がそれを活用することで地域振興やビジネス創出が期待されています。
- オープンデータとは何か？？ Open Data Handbook
　　http://opendatahandbook.org/ja/what-is-open-data/index.html
　　平成 25 年 6 月 14 日閣議決定された政府の「世界最先端 IT 国家創造宣言」では、目指すべき社会・姿を実現するための取り組みとして、オープンデータの活用推進が筆頭にあげられています。
　・世界最先端ＩＴ国家創造宣言
http://www.kantei.go.jp/jp/singi/it2/kettei/pdf/20140614/siryou1.pdf

③募集案内チラシを作る

　もし少しお金をかけてもよいなら、紙の募集案内チラシを作ってみましょう。自分で印刷用原稿を作り、印刷だけインターネット印刷サービスに任せれば数千円程度で何百枚ものチラシを印刷することができます。チラシはパワーポイントでもワードでも作成することができます。私たちが作成したウィキペディアタウンの募集案内チラシを掲載しますので、参考にしてみてください [図2]。

　この時は事前に精華町へ協力依頼の話をしに行き、町と教育委員会へ後援申請書を提出して、承認を得た上で、チラシにその旨を記載しています。また、このチラシの中の女の子は精華町の広報キャラクターの「京町セイカ」ちゃんです。この女の子も町のキャラクター使用承諾申請をして、承諾を得てチラシに使わせてもらっています。できれば行政の協力を得て、行政と一緒にまちづくりとしてウィキペディアタウンを開催しましょう。

④チラシをどこに置いてもらうか

　告知サイトや案内チラシが作成できたら大いに広報しましょう。図書館の協力や行政の協力がもらえているのであれば、図書館や行政施設内にチラシを置かせてもらえる可能性が高くなります。まずは図書館内のチラシ案内コーナーにチラシを置かせてもらえるようにお願いしてみましょう。

　それ以外にも、多くの人が集まる行政の公民館やコミュニティセンターなどにもチラシを置かせてもらえるようにお願いしてみましょう。この際に行政の後援や協力などがあると、受け付けてもらいやすくなります。ただし、置いていただけるかは、あくまで各施設管理者、各施設の館長さんの判断によることを覚えておきましょう。

⑤ハッシュタグをつけて SNS などで告知する

　申し込み Web ページなどインターネットで告知できるものは、自分たちで大いに告知を行いましょう。ここでウィキペディアタウンの告知でつけるとよ

平成27年度京都府地域力再生プロジェクト支援事業

第2回 精華町 ウィキペディア・タウン

精華町をまち歩きして、精華町の魅力をみんなでインターネット百科事典 ウィキペディアに書き加えていくイベントです。
参加費：無料　参加者：一般市民
パソコンをご持参ください。

【プログラム】
10:00
精華町立図書館　集合

【午前　まちあるき】
・精華町の歴史ある町並みをみんなで、まちあるきします。

【午後 ウィキペディア編集作業】
精華町立図書館にて、ウィキペディアの編集方法を説明した上で、みんなで編集作業を行います

平成28年2月14日（日）10時00分〜16時45分

主催：Code for 山城　（京都府地域力再生プロジェクト支援事業受託団体）

後援：精華町、精華町教育委員会　協力：精華町シルバー人材センター
「ふるさと案内人の会」、精華町せいか地域ITサポーター「ITゆう」
お問い合わせ先：050-3580-8065　（Code for 山城 代表：青木）

申し込み：https://goo.gl/p3Vjh4
「ウィキペディア 精華町」で検索し、上記サイトよりお申し込みください。

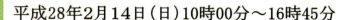

[図2] 募集案内チラシ

レッスン 07　ウィキペディアタウン開催ノウハウ

いと思われる Twitter や Instagram で使われるハッシュタグの例を紹介します。

○ウィキペディアタウンやウィキペディアに関心のある人に。
　#ウィキペディアタウン
　#ウィキペディア
　#Wikipedia
○図書館関係者や図書館の新しい試みなどウィキペディアタウンやウィキペディアに関心のある人に。
　#図書館
　#Library
　#GLAM
○ウィキペディアタウンは、地域資源のウィキペディアへのデジタルアーカイブを果たしています。その観点から、デジタルアーカイブに興味関心のある方に。
　#デジタルアーカイブ
　#デジタルアーカイブズ
○ウィキペディアに記述されている文章は、出典さえ示せば自由に利用できるオープンデータと言われるものでもあります。その観点からデジタルアーカイブに興味関心のある方に。
　#オープンデータ
　#opendata
○ウィキペディアタウンによる、地域住民による地域情報発信や、ウィキペディアタウンでのまちあるきは、地域のまちづくりの新たな手法としても注目されつつあります。その観点からまちづくりに興味関心のある方に。
　#まちづくり
　#まちあるき

＃地方自治体

○その地域の名称でのハッシュタグをつけて発信することをおすすめします。ここではオープンデータ京都実践会が利用している地域のハッシュタグを紹介しておきます。

＃京都

#kyoto

＃精華町

＃京都府南部

＃京都府山城地域

3 当日の進行

それでは当日の進行を、私たちの今までの経験をもとに見ていきたいと思います。

(1) 当日の運営　午前

いよいよウィキペディアタウンの当日がやってきました。

当日でまず最初に気になるのは、まちあるき時の天候かもしれません。まちあるきは午前中1時間半程度ですので、多少の雨が降る程度であればそのまま開催してもよいでしょう。ただし、台風、雨雲などの接近による警報などが出ている場合には、まちあるきだけでなく、参加者が会場まで来ることができないため、中止の判断が必要でしょう。注意報であれば状況を見ながらの判断となります。

スタッフは会場に30分前には到着しておくとよいでしょう。そして、開始前に図書館の方々、お願いする地域歴史団体等との調整などを行っておくことが望ましいです。

> 【プログラム】
> 【午前　まちあるき】
> 　10:00 〜 10:15・ウィキペディアタウンの趣旨説明
> 　10:15 〜 10:30・ウィキペディアの概要
> 　10:30 〜 12:00・まちあるき
> 　・「ふるさと案内人の会」のご案内によりまちあるきをします。

　私たちはだいたい 10 時スタートで午前中 2 時間を予定とすることが多いです。10 時からは最初にウィキペディアタウンとは、そもそもどういうイベントなのかについて簡単に主催者側から趣旨説明をします。そして、ウィキペディアの概要について説明します。みんなよく知ってるウィキペディアですが、実は知らないこともたくさんあります。その辺りについて、ウィキペディアに精通している方、いわゆるベテランウィキペディアンに説明を行ってもらっています。その中では、この後のまちあるきの最中にウィキペディアに掲載する地域の文化財などの写真などを参加者の方に撮ってもらうようにお話をしています。その際には著作権のある写真を撮らないことや、肖像権に抵触する可能性がある人の顔が映り込んでいるような写真は撮らないように説明をしています。

（2）まちあるき

　スタートから 30 分程度の座学を行った後、いよいよ、まちあるきに出発です。外に出て、スタートする前に、みんなで輪になって、1 人ずつ、簡単に自己紹介し合いましょう。まちあるきは地域歴史まちづくり団体と調整したスケジュールで行います。まちあるきでは、地域のことについて、案内いただく方

とコミュニケーションを取りながら歩きましょう。また、初対面の参加者同士、大いにコミュニケーションをとりながら歩くと、とても楽しいです。そしてウィキペディアにアップロードするための対象物の写真を撮りましょう。

　道端にある道標や、昔ながらの商店、民家などそのまちを見て新鮮に感じるところなどがあれば案内いただく方に積極的に質問もしてみましょう。その地域に住んでいる人にとっては、それらの事物は日常の風景となってしまっており、文化・観光資源であるという観点がなくなっています。外から来た人たちはそのまちを見て、新鮮な気持ちで魅力を感じることができますので、それらの新鮮な驚きや感動を地元の人たちとコミュニケーションすることで、まちの魅力を再発見することができます。まちづくりの新たな観点を地元の人たちとともに気づいていくのも、ウィキペディアタウンでのまちあるきの醍醐味です。

　地域歴史まちづくり団体は地域への思い入れがある方が多いので、細かく多くのことを紹介いただけることが多いです。そのことはとてもありがたいことです。そういった方とウィキペディアタウンに参加している比較的年齢層の若い方々と交流する場を作るということも、ウィキペディアタウンの意義でもあります。こちらから質問を積極的にして、コミュニケーションをはかりましょう。

　とはいえ時間には限りがあります。1時間30分でまちあるきは終えるということで、時間の確認を行いながら、まちあるきをしましょう。

（3）昼休み休憩

　私たちが普段行うまちあるきでは12時ちょうどには終わらないことを想定しています。予定は12時までということにしていますが12時30分までず

れ込んでも大丈夫なように、お昼から
の日程を13時30分からにすること
が多いです。そうしてお昼休みはきっ
ちり1時間確保するようにして、お
昼休みの間に参加者同士のコミュニ
ケーションをはかれるようしていま
す。お昼休みは参加者同士、大いにコ

ミュニケーションをはかる時間にしたいものです。食事はご当地ならではのも
のを事前に予約しておいて、みんなで食べると楽しいものです。写真は滋賀県
日野町でのウィキペディアタウン開催時のお昼ごはん、ご当地名物「鯛そうめ
ん」です。

【午後　図書館にてウィキペディア編集作業】
13:30 ～ 13:40 図書館の使い方・地域情報の調べ方
13:40 ～ 14:10 ウィキペディアの編集、アップロード方法の説明
14:10 ～ 16:20 ウィキペディアの編集、アップロード作業
16:20 ～ 16:35 成果発表
16:35 ～ 16:45 閉会あいさつ、写真撮影、アンケートのお願い

(4) 当日の運営　午後

　一般的な歴史まちあるきイベントは町の歴史や文化財などを説明してもら
い、まちを歩けば、終了です。ですがウィキペディアタウンは、ここまで前半
部分でしかありません。いよいよ午後からウィキペディア編集の本番が開始で
す。

　午後のイベントでは、最初に図書館の方に地域資料についての説明や地域資
料の調べ方についてのレクチャーを行ってもらいましょう。ただしウィキペ
ディアタウンは土曜日、日曜日などの休日に行うことが多いです。そのため、

図書館利用者が増加する休日に図書館員さんに説明を行ってもらうことは難しいかもしれません。そのような場合には無理をお願いせずに地域資料の説明はこちらで行いましょう。

　次にウィキペディアタウンの根幹になるウィキペディアの編集方法やアップロードの仕方についての説明を行います。

　いよいよ参加者ごとに記事編集候補ごとにグループにわかれて編集作業を行います。編集時間は2時間は確保するようにしましょう。グループ分けは、まず最初に編集記事候補をホワイトボードなどに書き出して、各参加者に、どの記事を編集したいかを決めてもらいます。そして、各記事ごとの編集人数を確認します。あまりにも特定の記事に参加者が集中するようであれば、主催者側から各グループおおむね均等の人数となるように編集記事の変更を参加者にお願いしてみましょう。また各グループごとに主催者スタッフが1名は参加するようにします。ベテランウィキペディアンはグループに入らず、個別の質問ごとに各グループへの対応をしてもらっています。

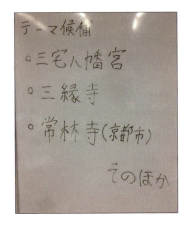

　いよいよ参加者が所属する編集記事グループが決まったら、各グループのテーブルを作って移動します。

（5）ウィキペディア編集開始
①ウィキペディア編集記事項目決定（30分程度）

　いよいよ編集開始です。まずは編集記事に関する地域資料を各人で確認しましょう。なんと言ってもウィキペディア編集には出典に基づく記載が求められます。資料に書いてないことは書くことができません。そのため地域資料の確認は、ウィキペディアに記事を書けることを確認する作業になります。おおむ

ねどのような地域資料が存在し、どのようなことが書かれているのかを確認したら、記事に書ける内容を検討します。

　その際にどのような項目を書くのかを参考にする方法として、対象事物に類似する他のウィキペディア記事を確認してみるのがよいでしょう。ただし、その際に、とても有名な観光地のお寺の記事を見てしまうと、あまりにも詳細に書いてあるので、参考になりません。

　観光地になっておらず地元の人だけが知っているような寺社仏閣などであれば、自分の知っている地域の寺社仏閣のウィキペディアを確認してみて、同じような記述内容レベルの寺社仏閣の記事がないか確認してみましょう。

　同じような世間への認知度レベルで記事を2、3個発見したら、記事にどのような項目が書かれているかを確認してみます。そして、それらの項目と今回編集を行う記事候補の地域資料にどのくらい記載されているのかを照らし合わせてみましょう。そうすると、どの程度の内容をどの地域資料をもとに、どのくらいの記事を書けるのかがおぼろげながら浮かんでくると思います。

　この作業をそれぞれのメンバーで自分なりに確認し、そしてメンバー同士で話し合って、どのような項目を執筆するのかを決定しましょう。作成記事内容がおおむね決定したら、次は役割分担を行います。誰がどの項目についての文章作成を行うか決定して、編集を各人で行います。

　また、パソコンで文章を作るのが苦手な方に参加していただくよい方法に、文章作成ではなく自分の撮影した写真をウィキメディア・コモンズにアップロードしてもらう役割もあります。グループ内でウィキペディアに写真を挿入する役割の方を1人決めておくとよいでしょう。この辺りはパソコン操作などが苦手な地域の高齢者の方、歴史まちあるき団体の方などにお願いをする

と、多くの方に参加してもらいながら記事作成を進めることができます。

②ウィキペディア編集記事作成（60〜90分程度）

続いて、各自で担当項目の文章作成作業に入りましょう。まずは自分のパソコンのメモ帳やワードプロセッサソフトなどを使って、参考とした類似のウィキペディア記事に書いてある内容を参考にして、今回の対象事物の場合にはどのような内容が書けるのか。そして、それはどのような地域資料に記載してあるのかを確認して、自分なりに文章を一文作ってみましょう。一文ができたら、そこに参考文献の記載を行います。

参考文献の記載はリファレンスタグ<ref>を使って記載します。リファレンスタグによる出典情報の作成については、「ウィキペディア出典作成Webサービス」という便利なサービスが存在します[図3]。

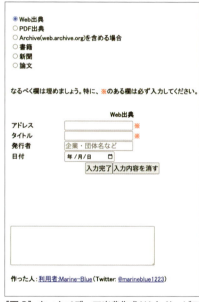

[図3] ウィキペディア出典作成Webサービス

○ウィキペディア出典作成Webサービス
（Marine-Blue（Twitter: @marineblue1223）さん作成）
http://mb1223jawp.php.xdomain.jp/wptown/reference.html

このウェブサービスでは、文章の出典が、Webなのか、書籍なのか、新聞なのかなどの区分を選択し、下に表示される著者名、発行者などの項目ウィンドウに情報を入れます。最後に入力完了ボタンを押すと、その下のウィンドウに自動的にリファレンスタグを利用した貼り付け用のリファレンステキストが作成されます。
　そのテキストをウィキペディア文章上に貼り付けるだけで出典が作成できるのです。そのため、とても便利に活用させてもらっています。

③新規記事の基本骨格ページの作成
　それぞれで入力できる文章とリファレンスタグによる出典データができたら、まず最初に基本となる新規ページを作成する人を決めて、その人が新規ページを作成しましょう。
　新規ページを作成するためには、最初にその記事への赤リンクを作成します。赤リンクとはウィキペディア上で、その記事の作成が求められているが、まだその記事が作成されていない記事へのリンクを言います。ウィキペディアを見ているとウィキペディア記事内に他のウィキペディアへのリンクが青色で普段は表示されています。しかし、時々、赤色になっているリンクを見たことはありませんか。このようなものが赤リンクです。
　当該地域のウィキペディア内に、今回作成する記事への赤リンクがすでに存在するのであれば、そのリンクをクリックするだけで自動的にその記事の新規記事の編集画面が開きます。赤リンクがまだ存在しない場合には、最初に赤リンクを作成する必要があります。赤リンクを作成するには、最初に、当該記事を作る市区町村などのページをまずは確認してみます。市区町村のページには市町村の歴史文化などに関する項目がありますので、これらの項目の中に赤リンクを作成します。
　ウィキペディアアカウントでウィキペディアにログインし、市区町村のページの項目の編集モードに入りましょう。ウィキペディア編集をする時におすす

めなのがレガシーモードです。市区町村の歴史文化財などが列記されている項目の中に、今回新規で作成する項目名を半角の角括弧（[[　]]）で囲んで作成して、更新します。

例 [[六所神社]]

　赤リンクが作成できたら、そのリンクをクリックすると、自動的に新規記事の編集画面が開きます。まず最初に新規記事の基本骨格を作りましょう。
　類似するページの編集画面を開いてみると、類似するページの基本骨格が確認できるはずです。それらを参考に、寺社であれば、祭神、歴史、境内、年中行事、文化財、交通アクセスなどの基本骨格となる項目を作成しましょう。

　また、編集中の段階では、ページの最上部に Template: 工事中タグ

{{ 工事中 }}

と入力します。そうすると、現在、この項目は、編集作業途中であることが他の利用者にわかります。
　次に、地域ページ作成時に必須となる冒頭定義の文章を作成します。冒頭定義とはウィキペディアページの一番最初のタイトルの下にある本記事の概要を示す定義文です。この文書の下に各項目が作成されることになります。ウィキペディアの新規ページを作成する際には、この冒頭定義が必須となります。まずは冒頭定義とその下の各項目の骨格だけ作成しましょう。工事中の新規ページの骨格ページを作成し、内容確認した上でウィキペディアの骨格ページを投稿します。
　ここまでの編集方法はウィキ記法によるレガシーエディタでの編集方法を示しています。近年はウィキ記法を理解していなくても、マウスとキーボード

の直感で編集可能なように設計されたビジュアルエディタ [図4] も登場しており、より初心者の敷居を低くする取り組みも行われています。ただし、ビジュアルエディタで編集・マークアップできる機能は未だ開発途上なので、最終的なウィキペディアページの仕上げには、ウィキ記法によるマークアップが必要となっています。

[図4] ビジュアルエディタでの編集画面
出典：ウィキペディア「万松院」編集画面 https://ja.wikipedia.org/w/index.php?title=%E4%B8%87%E6%9D%BE%E9%99%A2&action=edit
（参照：2024年8月7日）

④新規記事の各項目の同時編集

　ビジュアルエディタでは、同時編集ができないのですが、レガシーエディタでは、項目ごとの編集画面を開けば一つの記事を複数人で同時編集することができます。新規ページの基本の骨格ページができたら、レガシーエディタで、項目ごとに複数人で記事を編集しましょう。

⑤インフォボックスの作成

　インフォボックスとはウィキペディアページの冒頭にある [図5] 赤い四角の中のようなものです。インフォボックスには、書くべき項目がテンプレートとして用意されていますので、所在地や各文化財の項目ごと（神社の場合は祭神や社格、創建など）にその内容を調べて記入していくだけで記事作成ができます [図6]。出典をもとに文章を作成するのが苦手なウィキペディア記述に不慣れな初心者の方などに、この部分を担当してもらうとよいでしょう。

⑥写真の挿入

写真の挿入作業もウィキペディア編集に不慣れな方に担当してもらうとよいでしょう。

インフォボックスの例　上［図5］ウィキペディア画面　下［図6］編集画面
出典：「六所神社（南山城村）」https://ja.wikipedia.org/wiki/六所神社_(南山城村)
［2023年11月14日（火）07:52の版］

(6) 成果発表

　おおむね2時間程度の編集作業ができたら、その後に各自で編集を続けることとして、いったん、本日のウィキペディア編集作業を終了しましょう。2時間程度の編集作業では十分に納得のいく内容のウィキペディア記事編集はできないのが当たり前です。その際にペー

ジ作成時につけた{{工事中}}のタグを外しておきましょう。

　最後に、各グループごとに作成したウィキペディア記事の内容をプロジェクターなどで前に映し出して、編集作業に加わった各メンバーがみんなの前でどのようなウィキペディアページを作ったのか発表しましょう。

　その際、各メンバーが自分がウィキペディアページのどの部分を担当したのかを1人ずつ発表しましょう。そして、ウィキペディアページを作って発信してみての感想や今後どのようなところの編集を追加していきたいかというようなことを話してもらいましょう。それぞれの人が発表し終えたら、みんなで拍手をしてウィキペディア編集作業を称え合いましょう。

(7) 閉会あいさつ、写真撮影

　最後に主催者として簡単に今回のウィキペディアタウンの総括と、できたウィキペディアページの意義についてま

とめましょう。そして今回の作業時間では十分に納得のいくウィキペディア編集ができなかったことも、みんなで大いに残念がってください。その上で今日の続きとしての継続したウィキペディア編集を個人、もしくは今回のグループで定期

的に図書館に集まって、編集作業を続けていくことを呼びかけてみましょう。

　最後にみんなで前に集まって記念撮影です。顔出しNGの方もおられますので、告知した上で顔出しOKの方だけ集まってもらって写真を撮りましょう。このような写真撮影は今回のウィキペディアタウンを行った記念になります。

(8) アンケート

　最後に今回のウィキペディアタウンについてのアンケートを行って、今後の運営内容の向上に努めましょう。

　以下に私たちのアンケート内容を載せておきます。参考にしてみてください。

〇〇町ウィキペディアタウン
アンケート

本日はウィキペディアタウンにご参加いただき、ありがとうございました。みなさんの感想を今後のウィキペディアタウン内容向上に役立てさせていただきます。是非ご意見をお寄せください。

本イベントをどちらでお知りになられましたか？
☐ くちコミ、☐ チラシ、☐ 新聞など、☐ インターネット

年齢層を教えてください
[10代　20代　30代　40代　50代　60代　70代　80代　90代]

性別
☐ 男・☐ 女

ウィキペディアをご存じですか？
☐ 知らなかった
☐ 聞いたことがあるが見たことはない
☐ 見たことがある

☐ よく見ている

☐ 編集したことがある

☐ よく編集している

パソコンやインターネットは使われますか？

☐ パソコン、インターネットも苦手

☐ インターネットは使うが、パソコンは苦手

☐ パソコン、インターネットともに使える

○○町にお住まいですか？

☐ ○○町在住

☐ ○○町ではないが、○○○に在住

☐ ○○○以外に在住

今回のウィキペディアタウンの全体的な満足度はいかがですか？

☐ 大変満足した

☐ 満足した

☐ 普通

☐ やや不満

☐ 不満

全体の感想、ご意見、改善すべき点など自由にお書きください

[　　（自由記入欄）　　]

ありがとうございました。

（9）17時までに撤収

　終了時間ですが、できるだけ16時45分までに終了するように予定をスケジュールしています。その理由として、図書館や会場となる公共施設は開館時間が17時までとなっていることが多いからです。16時45分までにウィキペディアタウン自体を終了し、ウィキペディアタウン参加者が帰る準備をして、

会場を後にするためには、15分程度は必要です。そのくらいの終了時間を見込んでおかないと17時を超えても、会場を空けられないことがあります。

　公共施設の管理職員などは17時までの開館であれば、その後、施設の点検や戸締まりを行ってから仕事を終えるということになりますので、できるだけ17時までに施設を空にすることに協力しましょう。そのようなちょっとした心遣いが行政職員さんとの今後の円滑な運営のための信頼関係を構築することになります。

（10）ウィキペディアタウン終了！

　17時までに撤収できたら、今回のウィキペディアタウンは終了です。引き続き、次回のウィキペディアタウンの開催をみんなで約束して、今回のウィキペディアタウンを終了しましょう。

　事後に有志で懇親会を行ってみるのも、参加者同士のコミュニケーションを活発にして、今後のコミュニティづくりにもよい方法です。是非、アレンジを加えて、みなさんなりのウィキペディアタウンを開催してください。

☞ 注

① 「プロジェクト：アウトリーチ／ウィキペディアタウン＃プロジェクト協力者」https://ja.wikipedia.org/wiki/プロジェクト：アウトリーチ／ウィキペディアタウン＃プロジェクト協力者［2024年2月9日（金）14:29の版］。

② 注①に同じ。

参考文献

[凡例]
- 古い文献もありますが、本文に掲載しきれていない参考文献をまとめて掲載いたします。

■ 02 京都での取り組みから
- 「Wikipedia ARTS 京都・PARASOPHIA を開催しました」(オープンデータ京都実践会)[2015年4月20日] https://opendatakyoto.wordpress.com/2015/04/20/wikipedia-arts-parasophia/ (参照：2024年8月7日)。
- 「乾谷」https://ja.wikipedia.org/wiki/乾谷 [2023年11月12日(日) 06:49 の版]。
- 「柘榴_(精華町)」https://ja.wikipedia.org/wiki/柘榴_(精華町)[2023年11月25日(土) 08:00 の版]。
- Code for 山城・青木和人「ウィキペディア・タウン by 京都府立南陽高等学校」(カレントアウェアネス -E、No.313、E1852、2016年10月20日) https://current.ndl.go.jp/e1852 (参照：2024年8月7日)
- 「京都府立南陽高等学校・附属中学校」https://ja.wikipedia.org/wiki/京都府立南陽高等学校・附属中学校 [2024年8月6日(火) 22:29 の版]。
- 是住久美子「ライブラリアンによる Wikipedia Town への支援」(カレントアウェアネス、No.324、CA1847、2015年6月20日) https://current.ndl.go.jp/ca1847 (参照：2024年8月7日)。
- Code for 山城・青木和人「ウィキペディア・タウン in 関西館」(カレントアウェアネス -E、No.287、E170、2015年8月27日) https://current.ndl.go.jp/e1701 (参照：2024年8月7日)。
- 「高校生がウィキペディア編集に挑戦 国会図書館関西館で資料使い」『産経新聞』[2016年8月6日] http://www.sankei.com/region/news/160806/rgn1608060039-n1.html (参照：2024年8月7日)。
- 「「第3の矢」は図書館から イノベーションのタネは転がっている 論説委員・山上直子」『産経新聞』[2016年8月14日] http://www.sankei.com/column/news/160814/clm1608140007-n1.html (参照：2024年8月7日)。
- 青木和人「地域情報拠点としての公共図書館へ市民参加型オープンデータイベントが果たす意義」(『第62回日本図書館情報学会研究大会論文集』2014年、375～380頁)。
- 日下九八「ウィキペディア：その信頼性と社会的役割」(『情報管理』Vol.55 No.1、2012年、2～12頁)。

■ 03 図書館との連携
- 総務省「地域社会 DX のトビラ」http://www.soumu.go.jp/main_sosiki/joho_tsusin/top/local_support/ict/index.html (参照：2024年8月7日)。

- 「オープンデータとは何か？」（Open Data Handbook） http://opendatahandbook.org/ja/what-is-open-data/index.html（参照：2024年8月7日）。
- 青木和人「地方自治体におけるオープンデータ公開の現状と課題〜自治体オープンデータ項目一覧表からの考察〜」（『2013年社会情報学会（SSI）学会大会研究発表論文集』電子版、2013年） https://dl.ndl.go.jp/view/prepareDownload?itemId=info%3Andljp%2Fpid%2F10484009&contentNo=1
- 瀬戸内市立図書館「せとうちデジタルフォトマップ」 http://www.setouchi-photomap.jp（参照：2024年8月7日）。
- 地域情報アーカイブ化事業実行委員会「北摂アーカイブス」 https://hokusetsu-archives.jp/cms/（参照：2024年8月7日）。
- OpenStreetMap Japan「自由な地図をみんなの手で / The Free Wiki World Map」 https://openstreetmap.jp/（参照：2024年8月7日）。
- 青木和人「地域活性化へ市民参加型オープンデータが果たす意義」（『2014年社会情報学会（SSI）学会大会研究発表論文集』電子版、2014年） https://researchmap.jp/KazutoAOKI/published_papers/31363798/attachment_file.pdf

■ 06 派生版ウィキペディアタウン の取り組み

1　Wikipedia ARTS　アートのウィキペディアタウン

- 「プロジェクト：アウトリーチ / ウィキペディアタウン /Wikipedia ARTS」 https://ja.wikipedia.org/wiki/プロジェクト：アウトリーチ/ウィキペディアタウン/Wikipedia_ARTS ［2022年11月17日（木）09:11の版］。
- 「Wikipedia ARTS 京都国立近代美術館 コレクションとキュレーションを開催しました。」（オープンデータ京都実践会）［2016年5月29日］ https://opendatakyoto.wordpress.com/2016/05/29/349/（参照：2024年8月7日）。
- 「文化財×Wikipedia：信頼できる文化財記事作成を学ぶワークショップ」（Code for 山城）［2021年8月31日］ https://note.com/ujigis/n/n1f24b1c5d592（参照：2024年8月7日）。

2　ウィキペディア文化財

- 「考古学・文化財のためのデータサイエンス・サロン online#17 文化財×Wikipedia：信頼できる文化財記事作成を学ぶワークショップ」（Code for 山城　ホームページ）［2021年9月4日］ https://ujigis.wordpress.com/2021/09/11/考古学・文化財のためのデータサイエンス・サロ/（参照：2024年8月7日）。
- 「クラブハウス【ウィキペディアタウン】ウィキペディア　×　文化財トピック「全国遺跡報告総覧に書誌情報のWikipediaテンプレート出力が実装されました。」」（Code for 山城） https://note.com/ujigis/n/n0e9c40fb9619（参照：2024年8月7日）。
- 日本図書館協会図書館政策特別委員会「公立図書館の任務と目標」（1989年1月　確定公表、2004年3月改訂） http://www.jla.or.jp/library/gudeline/tabid/236/default.aspx（参

照：2024 年 8 月 7 日）。
- 野口淳、青木和人、荒井翔平、高田祐一、三好清超、大矢祐司、木村聡「文化財×Wikipedia―地域における考古学・文化財情報発信の方法として―」（日本情報考古学会第 45 回大会オンラインポスターセッション、2021 年 10 月 30 日− 2021 年 10 月 31 日）。

3　女性の情報格差解消を目指すプロジェクト、WikiGap
- 「20200201 関西館で Wikigap を開催しました」（Code for 山城　ホームページ）［2020 年 2 月 2 日］https://ujigis.wordpress.com/category/wikigap/（参照：2024 年 8 月 7 日）。

4　文化のデジタルアーカイブ化
- 「使命（目的）」https://meta.wikimedia.org/wiki/Mission/ja［2024 年 2 月 19 日（月）13:55 の版］

5　既存のデジタルアーカイブと連携する
- アーバンデータチャレンジ 2020 京都府ブロック／ Code for 山城・青木和人「日本初のジャパンサーチ・タウンをオンラインで開催＜報告＞」（カレントアウェアネス -E、No.415、E2398、2021 年 6 月 24 日）https://current.ndl.go.jp/e2398（参照：2024 年 8 月 7 日）。
- 2020 アーバンデータチャレンジ https://urbandata-challenge.jp/category/2020（参照：2024 年 8 月 7 日）。
- 「2020 アーバンデータチャレンジ京都：ジャパンサーチ・タウン」（NDL ラボ）https://lab.ndl.go.jp/event/udc2020/（参照：2024 年 8 月 7 日）。
- アーバンデータチャレンジ 2019 京都府ブロック・青木和人「2019 アーバンデータチャレンジ京都 in NDL 関西館＜報告＞」（カレントアウェアネス -E、No.386、E2235、2020 年 2 月 27 日）https://current.ndl.go.jp/e2235（参照：2024 年 8 月 7 日）。
- 電子情報部電子情報企画課次世代システム開発研究室「ジャパンサーチ正式版の機能紹介」（カレントアウェアネス -E、No.401、E2317、2020 年 10 月 29 日）https://current.ndl.go.jp/e2317（参照：2024 年 8 月 7 日）。

あとがき

　ウィキペディアタウンの活動を開始してちょうど 10 年が過ぎた。

　私たちが一番最初に開催したインターナショナル・オープンデータ・デイ 2014 の会場は京都リサーチパークで、思いがけず幼少期を過ごした地域をまちあるきをすることになった。こどもの頃よく遊んだ「壬生寺」や玉付き（補助付き）自転車でいつも通り抜けていた「島原大門」の記事を最初に手掛けた。

　いつも市バスの窓からぼんやり眺めていた堀川商店街。それが日本で最初の RC 造の併用集合住宅である「堀川団地」だったと知り、その記事を作成した。

　ウィキペディアタウンで、自分が育ちながらも知らなかった多くの京都のことを知ることになった。

*

　インターナショナル・オープンデータ・デイ 2014 の後、「すごく楽しかったので、もっとやろうよ」と、みんなが集まってくれた。その頃は人生の転換期でもあり、この活動に情熱を燃やすことで、ずいぶんと救われたように思う。

　ウィキペディアタウンがなければ、訪問する機会がなかっただろう、瀬戸内海の北木島にみんなで小舟に乗り渡った。その地区の公民館では手書きの歓迎横断幕で迎えてもらった。

　淀の「妙教寺」の柱に残る鳥羽伏見の戦いで砲弾が貫いた穴。

　国立国会図書館関西館で大学時代の同級生に数十年ぶりに思いがけず再会し、偶然でなく、必然だと直感した。

　南陽高校生とふるさと案内人の会さんと一緒に、真夏の朝、歩いた精華町の集落。

　南山城村で古老のお宅に地域のお話をうかがいに行った際、私たちの訪問を待ちわびて、お宅の前で待っておられた古老。

＊

　これまで多くの地域をウィキペディアタウンで訪問できた。何もかもウィキペディアタウンでなければ出会えなかった、大切な思い出である。これは普通の観光では決して味わえない、私たちが考えるウィキペディアタウンの醍醐味である。

　この喜びを多くの人にお伝えしたい。それが本書を執筆したいと思ったきっかけである。

＊

　私たちの夢は、日本の北の端から南の端まで、全国津々浦々の公共図書館を訪問して、ウィキペディアタウンをすることだ。公共図書館の地域資料を使って、地域住民のみなさんと一緒に、ウィキペディアで地域情報発信して、「地域情報の発信拠点」という新たな公共図書館の実践を市民団体として行っていきたい。

　本書をお読みになって、自分の地域や図書館でもウィキペディアタウンをやってみたいと思っていただけたら幸いである。是非、ご協力させていただきたいと思います。

＊

　最後に、本書にたびたび登場するMiya.mさんには、本書を事前にお読みいただき多くのご助言を頂きました。

　また、岡本真さんには本書の出版を後押ししていただきました。

　この場を借りてお礼申し上げます。

【著者紹介】

青木 和人　Aoki Kazuto

福井県立大学地域経済研究所教授。
あおきGIS・オープンデータ研究所、オープンデータ実践会、Code for 山城 代表。
博士（文学）。
専門領域は空間情報学、図書館情報学、地域政策、オープンデータ。
京都府宇治市役所、西宇治図書館館長などの勤務を経て、2014年より地理情報システム、オープンデータを始めとする情報化コンサルティング事業を起業。
また、公共図書館を情報発信拠点としたウィキペディアタウンやオープンストリートマップを始めとするシビックテック活動を主宰。
https://researchmap.jp/KazutoAOKI

ウィキペディアタウン・ハンドブック
図書館・自治体・まちおこし関係者必携

2024（令和6）年12月20日　第1版第1刷発行

ISBN978-4-86766-069-0　C0036　©2024 Aoki Kazuto

発行所　株式会社 文学通信
〒113-0022　東京都文京区千駄木2-31-3 サンウッド文京千駄木フラッツ1階101
電話 03-5939-9027　Fax 03-5939-9094
メール info@bungaku-report.com　ウェブ http://bungaku-report.com

発行人　岡田圭介
印刷・製本　モリモト印刷

※乱丁・落丁本はお取り替えいたしますので、ご一報ください。書影は自由にお使いください。

ご意見・ご感想はこちらからも送れます。上記のQRコードを読み取ってください。

文学通信の本

☞ 全国の書店でご注文いただけます

岡田一祐

ネット文化資源の読み方・作り方
図書館・自治体・研究者必携ガイド

私たちが残すものは、私たちそのものだ。
インターネット環境において、文化資源のコレクションをバーチャル空間に作り上げる営みについて、多くの事例から縦横無尽に論じる書。日々変わりゆく社会のなかで、資料の公開やその方法論をどう考えて、理路を立てていけば良いか。文化を残すとはどういうことなのかという根源的な事柄から、デジタル・ヒューマニティーズの最新の成果や、情報発信の問題等々、これからのガイドとして、入門として、必読の書。

ISBN978-4-909658-14-2 ｜ A5 判・上製・232 頁
定価：本体 2,400 円（税別）｜ 2019.08 月刊

黒田智・吉岡由哲編

草の根歴史学の未来をどう作るか
これからの地域史研究のために

歴史学の新しい主戦場は、地域史だ！
地域には、これまで縦割りに区分され、歴史史料としてみなされることのなかった手つかずの史料が膨大に眠っている。史料学の成果を地域史研究に生かすということを軸に、若い執筆者たちがさまざまな史料と格闘して生み出した書。
これからの地域史研究の参考になることを目指すべく、史料撮影、教材研究、教材の作り方、郷土史研究と地域学習、卒論指導に関するコラムも備えた、かつてない日本史論文集。

ISBN978-4-909658-18-0 ｜ A5 判・並製・304 頁
定価：本体 2,700 円（税別）｜ 2020.01 月刊